NATUURLIJK BLOEMSCHIKKEN

NATURAL FLOWER DESIGN

NATUURLIJK BLOEMSCHIKKEN

NIEUWE TECHNIEKEN EN VORMGEVING

NATURAL FLOWER DESIGN

NEW TECHNIQUES AND DESIGN

TEKST, FOTO'S EN TEKENINGEN: AAD VAN UFFELEN

TEXT, PHOTO'S EN DRAWINGS: AAD VAN UFFELEN

TRANSLATION:

TOM COLIN

TERRA | lannoo

© 2002 Uitgeverij Terra | lannoo
2003 Tweede druk

TERRA

Uitgeverij Terra bv
Postbus 1080
7230 AB Warnsveld, Nederland
T 0575 / 58 13 10 - F 0575 / 52 52 42
terra@terraboek.nl
www.terraboek.nl
Uitgeverij Terra maakt deel uit van de Lannoo-groep

lannoo

Uitgeverij Lannoo nv
Kasteelstraat 97
8700 Tielt, België
T 051 / 42 42 11 - F 051 / 40 11 52
lannoo@lannoo.be
www.lannoo.com

Fotografie:
- Sudipa, Taiwan: p. 6, 42, 47, 101
- Jan van der Loos, Maasland: p. 32, 35, portret
- Overige foto's: Aad van Uffelen

Design + lay-out:
- Varwig Design, Erik de Bruin, Dick Rietveld, Hengelo NL

Drukwerk:
- Agora United Graphic Services

ISBN 90 5897 053 1 - NUR 421

INHOUD

CONTENTS

EIGENTIJDS

In de rechthoekige bakken worden klemhoutjes geplaatst.
Door deze in verschillende richtingen te bevestigen ontstaat een raamwerkje waartussen de bloemen worden
gestoken. Zonder de klemhoutjes zouden alle bloemen
naar elkaar zakken. Op deze wijze kunt u heel eenvoudig
een eigentijdse schikking maken. Door meerdere bakken
te combineren, eventueel met verschillende bloemen en
in verschillende kleuren ontstaat een leuk patroon. Zet de
bakken eens in een rij of in een vierkant.
Verwerkt zijn: *Hyacinthus* en *Ornithogalum dubium*.

CONTEMPORARY

Small pieces of twigs are wedged between the walls of the
square containers.
By placing twigs in opposite directions, a grid is formed
through which the flowers are placed. Without the grid the
flowers would fall in disarray. This is a simple method to
create a contemporary design.
By combining various containers with a variety of flowers
and colours, effective patterns can be created. Try placing
the containers in a row or in a square.
Used are: *Hyacinthus* and *Ornithogalum dubium*.

I INLEIDING

Bloemschikken is een geweldige hobby en een fantastisch mooi vak. In dit boek vinden we de nieuwste ontwikkelingen op bloemschikgebied met bloemwerk gemaakt zonder voor de natuur schadelijke stoffen zoals bepaalde kunstmaterialen, verfstoffen, gif en dergelijke. En dat is in deze tijd belangrijk, want maken we ons nog wel zoveel zorgen om het milieu? Alle discussies over natuur en milieu hebben in de afgelopen jaren nog niet geleid tot een echt positieve verandering in denken en handelen. De mens blijft de aarde nog steeds vervuilen, we kappen bossen, we gooien overal afval neer. Hierdoor verdwijnen steeds meer planten- en diersoorten.

En hoe zit het nu met de bloemsierkunst, 'een natuurlijk vak' bij uitstek? Dit vak beoefenend ben je bezig met alles wat met planten te maken heeft, met creativiteit, ethiek en schoonheid. Maar het is maar de vraag of alle technieken die we hierbij gebruiken wel zo milieuvriendelijk zijn. Natuur- of milieuvriendelijk bloemschikken vraagt om een andere denkwijze en werkwijze.
Enkele geheel nieuwe technieken, kunnen soms een andere, geheel nieuwe vormgeving en stijl van bloemschikken doen ontstaan. Het aardige hiervan is dat deze alternatieve technieken voor iedereen direct toepasbaar zijn. Het is daarom niet alleen een boek voor de (semi-)professional, maar voor iedereen die van bloemschikken houdt. Er zitten duidelijke illustraties bij en de technieken zijn soms verbluffend van eenvoud. Ook wordt stilgestaan bij allerlei andere vragen die milieuvriendelijk bloemschikken oproept. In hoofdstuk 16 wordt antwoord gegeven op de vraag wat de bloemist kan doen aan zinvol milieubeleid.

Het wordt een boeiende bloemschikervaring.

I INTRODUCTION

Flower arranging is a wonderful hobby as well as a beautiful and exciting occupation.
This book will describe the latest developments in flower arranging, which should be of importance to all of us, namely, flower arrangements made without harmful substances to the environment, such as: synthetic materials, dyes, poisons e.g. insecticides. These substances do contribute to global pollution and in this day and age that is an important factor to consider.

But really, do we care that much about the environment? All discussions about nature and the environments over the past few years have not led to a positive change in thinking and attitude. People continue to pollute the earth, we destroy the forests and dump garbage everywhere. This action causes more animals and plant species to disappear.
Does the above picture sound too pessimistic, or is it not as bad as it seems? And how is our attitude towards flower arranging, the ultimate natural hobby or occupation? In this profession we work with everything pertaining to plant material, with creativity, ethics and beauty. We have to ask ourselves whether the techniques we are using are environmentally friendly or not. Natural or environmentally flower arranging presupposes that different and new techniques be used. Everyone can apply these alternative techniques almost immediately. Moreover, by using these techniques one is able to create an entirely new design and style of arranging.
Flower arrangements using these new techniques have a future, because it has everything to do with the quality of our environment, life, health and harmony with nature.

In this book I will answer many of the questions you may have regarding the implications this type of flower arranging has and share with you the beautiful and creative possibilities which exist in natural and environmentally friendly flower arranging. It is going to be a fascinating flower arranging journey.

2 ECOLOGIE, WAT IS DAT?

Het woord ecologie roept bij mensen al gauw een associatie op met milieuvriendelijk. Maar de letterlijke betekenis van ecologie is de wetenschap die zich bezighoudt met de relaties tussen planten, dieren en hun omgeving en hun eventuele aanpassing aan veranderende omstandigheden, en met de invloed van mensen op de omgeving. Het is vooral deze invloed die tot een bedreiging heeft geleid, denk maar aan het broeikaseffect, de opwarming van de aarde, de zure regen, aan vervuiling van rivieren en de zee.

Maar de aarde is geen onuitputtelijke bron van grondstoffen en we hebben een hemelse plicht om goed voor de aarde te zorgen, haar met respect te behandelen en haar kansen te geven tot ontwikkeling en verrijking. Het is niet goed steeds maar afval te produceren en er niets mee te doen. Daarom is het belangrijk het gebruik van weggooiproducten te vermijden en alleen die producten en materialen te kopen die weer hergebruikt kunnen worden zodat er een kringloop ontstaat.

De biologische land- en tuinbouw is zo'n kringloopsysteem. Er wordt daar geen gebruik gemaakt van chemische meststoffen en bestrijdingsmiddelen. Ook werkt men energiezuinig. Door wisselteelten en gebruikmaking van organische mest en biologische bestrijdingsmethoden ontstaat een milieuvriendelijke teeltmethode. Steeds meer groenten, planten en bloemen worden op deze wijze geteeld. Het EKO-keurmerk geeft dit aan. Veel van deze bloemen, planten en vruchten zijn bruikbaar in de bloemsierkunst.

3 DE NATUURLIJKE OMGEVING

Een landschap waarin planten (flora) en dieren (fauna) zich vrij en spontaan kunnen ontwikkelen noemen we een 'natuurlijk landschap' of 'natuurlijke omgeving'. De mens speelt in de ontwikkeling van deze gebieden geen rol. Oerbossen zoals het tropisch regenwoud zijn belangrijke zuurstofproducenten en vormen een uniek leefmilieu voor plant en dier. Ze moeten daarom worden beschermd, Ook zijn het bronnen van veel nog niet ontdekte stoffen die voor de mens van belang zijn zoals voedsel of medicijnen. Om zoveel mogelijk natuur te bewaren en te behoeden voor afbraak is het van belang organisaties zoals de Vereniging Natuurmonumenten, Greenpeace en dergelijke te steunen. Elk stukje natuur van enige waarde moet tot natuurgebied of natuurreservaat worden gemaakt. In deze gebieden kan dan zoveel mogelijk de flora en fauna in

2 ECOLOGY, WHAT IS IT?

For many people the word ecology brings to mind the association of being environmentally friendly.

However, the real meaning of the term ecology is the science which explores the relationship between plants, animals and their surroundings, as well as their adjustments to the changed circumstances and, of course, the influence of mankind in the environment. It is especially this last influence which has caused a threat to the environment.

Think about the greenhouse effect, global warming, acid rain, as well as the pollution of rivers, lakes and oceans. The earth is not an inexhaustible source of raw materials and we do have a moral obligation to really look after the earth; to treat it with respect and give it a chance to develop and enrich itself.

It is not a good idea to continue to produce a lot of waste products, which are not recyclable. It is, therefore, important to limit the use and production of disposable products and favour instead the use of reusable products, e.g. recycling.

The biological, agricultural and horticultural sectors use recycling methods extensively. They do not use chemical fertilizers and pesticides, and apply energy saving techniques. By using crop rotation, the use of organic fertilizers, as well as biological pest control, one develops an environmentally friendly cultural practice. More and more vegetables, plants and flowers are grown in this manner and used in floral design.

Ecologically grown flowers are traded under the Dutch EKO seal/trademark.

BOEKET

Dit handgebonden boeket is een contrastrijke klassieke spontane kleurencombinatie van bloemen met verschillende vormen. De stelen zijn parallel gebonden en daarna met groot hoefblad omwikkeld. Tot slot is daar weer bindtouw omheen gewikkeld.

Verwerkt zijn: *Antirrhinum majus*, *Alstroemeria*, *Buxus*, *Celosia plumosa*, *Cotinus*, *Dianthus barbatus*, *Paeonia*, *Rosa* 'Larini', *Thalictrum*, *Thuja occidentalis* en *Petasites*.

BOUQUET

This classic hand tied bouquet is created in a contrasting and spontaneous colour combination, with flowers of different shapes and textures. The stems are tied in a parallel fashion and covered with a large leaf e.g. colts foot, fastened with florists' twine.

Used are: *Antirrhinum majus*, *Alstroemeria*, *Buxus*, *Celosia plumosa*, *Cotinus*, *Dianthus barbatus*, *Paeonia*, *Rosa* 'Larini', *Thalictrum*, *Thuja occidentalis* and *Petasites*.

VAZENSPEL

In deze glazen vaasjes zijn bundeltjes parallelgebonden fresia's geplaatst en wel zo dat het samen een leuk effect geeft. De fresia's zijn met andere materialen aangevuld tot een aantrekkelijk geheel. De boeketjes zijn met oud kleurrijk telefoondraad bijeengebonden met een bindsel net onder de bloemkammen en een bindsel onderaan. U kunt per bundeltje één kleur kiezen of een combinatie maken van twee of meer kleuren, elke keuze heeft een eigen uitstraling. De knikkers zorgen voor een extra decoratief effect.

Verwerkt zijn: *Freesia, Setaria italica* en *Asparagus virgatus*.

A PLAYFUL VASE COMBO

These glass vases contain bunches of freesias tied in a parallel fashion and are placed in such a way that the whole creates a delightful effect.

The freesias are combined with other materials into an attractive bunch. The bouquets are tied with discarded, colourful telephone wire just below the flowers as well as at the bottom of the stems. You can choose one or more colours per bunch; each one exuding its own charm.

The marbles create an extra, decorative effect.

Used are: *Freesia, Setaria italica* and *Asparagus virgatus*.

stand worden gehouden. Het kan dan tevens dienen als studiebron: de bloemschikker kan kennisnemen van de natuurlijke groeiwijze van planten en zich verbazen over de schoonheid van de natuur. Op deze manier krijgen we meer inzicht in vegetatieve schikwijzen, in een natuurlijke vormgeving en kleurcombinaties en kunnen we komen tot een natuurlijke keuze en harmonieuze verwerking van materiaal.

4 MILIEUVRIENDELIJK BLOEMSCHIKKEN

In de twintigste eeuw is er een ongekende technische en creatieve ontwikkeling in het bloemschikken geweest; dit geldt zowel voor de technieken, de hulpmaterialen als de vormgeving. Nooit eerder waren er zoveel verschillende stijlen mogelijk en was de creatieve uitdaging zo groot. Deze ontwikkeling zal zich in de toekomst zeker ook voortzetten en leiden tot verdere veranderingen en weer nieuwe ontwikkelingen.

Het milieu heeft tot nu toe echter niet of nauwelijks aandacht gekregen. Bij het gevoelsmatig bezig zijn met milieuvriendelijk bloemschikken speelt ethiek een grote rol. Ethiek is een soort wijsbegeerte, een filosofie die vooral gaat over onze gedragingen, onze manier van omgaan met natuur, zeden, normen en waarden; de wereld en de natuur als totaalbeeld. In deze filosofie wordt rekening gehouden met anderen, met de natuur en met ons zelf. Bloemwerk gebaseerd op deze filosofie geeft ons een beter idee van natuurlijke schoonheid.

Als we vanuit deze basis willen gaan bloemschikken moeten we natuurlijk wel realistisch blijven en kijken wat praktisch haalbaar is, want het is moeilijk direct een totale omslag te verkrijgen in attitude en werkwijzen. Beter kleine stapjes vooruit dan een pas op de plaats. Door ook praktisch bezig te zijn met milieuvriendelijk schikken zal onze levenshouding positief veranderen en daardoor die van anderen. Op deze manier leveren we een positieve bijdrage aan deze levensfilosofie.

Hieronder gaan we in het kort in op de praktische gevolgen van natuurvriendelijk bloemschikken. We kunnen ons dan afvragen of:
■ Het plantaardig materiaal milieuvriendelijk is geteeld.

3 THE NATURAL LANDSCAPE

A landscape in which plants (flora) and animals (fauna) can grow and develop spontaneously is called a natural landscape or natural surroundings. Mankind does not play a role in the development of these areas. Primeval forests or rain forests are important oxygen producers and form a unique living environment for animals and plants. It is, therefore, essential that they be protected. They are also a source of many yet to be discovered products, which can be of importance to mankind, for instance food or medicine.

In order to preserve nature as much as possible and prevent its destruction, it is important to support organizations such as Greenpeace and other environmental groups. Every little bit of natural territory should be preserved and made into a wild life refuge or nature reserve. These areas may be able to support the present flora and fauna, and thus serve as a source of study for the flower arranger to observe the natural growth patterns of plants and marvel about the beauty of nature. In this way we are able to gain greater insight into the vegetative way of arranging, in natural design and colour combinations, and thus come to a natural choice and harmonious design of plant material.

4 ENVIRONMENTALLY FRIENDLY FLORAL DESIGN

The twentieth century saw a tremendous technological and creative development take place in the field of flower arranging; this applies to the technique, the support materials, as well as the design. Never before were so many styles possible and creative challenges so bountiful. These developments, no doubt, will continue into the future and will lead to further changes and evolution. Up to now, the environment has hardly been considered. Together with environmentally friendly arranging techniques, ethics come in to play. Ethics is a form of philosophy which analyzes our behaviour, our way of dealing with nature, our morals, norms and values, and in the way we view the world and nature as a whole.

This philosophy respects others, nature and ourselves. Flower arranging, based on this philosophy, gives us a better idea about the natural beauty.

When we arrange flowers on the basis of the above we must be realistic and see if it is practical and viable. It is difficult to do a complete turn around in one's attitude and methods of design. However, small steps at a time are the key to success.

A practical approach to environmental design will influence our lifestyle and as a consequence that of others. In this way we con-

- De bestaande bloemschiktechnieken en/of hulpmiddelen schadelijk zijn voor het milieu.
- Ondergronden en bijproducten wel milieuvriendelijk zijn geproduceerd.

Plantaardig materiaal

Bloemen moeten gaaf (ongeschonden) zijn, vinden de meeste mensen en daarom zijn er tijdens de teelt meestal bestrijdingsmiddelen nodig en, afhankelijk van het klimaat, soms ook verlichting en verwarming. Het is belangrijk overmatig gebruik hiervan terug te dringen en over te gaan tot de minst schadelijke werkwijzen in de teelt. Dit gebeurt in Nederland reeds een aantal jaren met een enorme krachtsinspanning, resultaten zijn dan ook hoopvol voor verdere reductie. In veel landen is de milieuwet echter vaak lang niet zo streng als in Nederland of wordt die niet goed nageleefd. Dit zie je bijvoorbeeld aan het residu van bestrijdingsmiddelen op producten uit die landen (zie ook hoofdstuk 7

Materialen onder het kopje Natuurlijk materiaal).

Bloemschiktechnieken en hulpmiddelen

Sommige technieken zijn met kleine aanpassingen direct toepasbaar in milieuvriendelijk bloemwerk. Sommige bestaande technieken zijn niet geschikt vanwege onnodig hulpmiddelgebruik of vanwege schadelijke effecten. Maar er zijn ook veel nieuwe en alternatieve technieken die bij natuurlijk bloemschikken toegepast kunnen worden, we denken hierbij aan bind-, steek-, steun-, klem-, inleg- en rijgtechnieken. Deze technieken bepalen voor een groot deel de vormgeving van ons bloemwerk. Ze bieden oneindig veel mogelijkheden, maar daarnaast heeft het gebruik van deze technieken gevolgen voor de vormgeving, deze zal soms aangepast moeten worden (zie ook hoofdstuk 6 Hulpmiddelen en hoofdstuk 11 Technieken).

Ondergronden en bijproducten

Veel ondergronden en bijproducten worden nog onnodig milieuschadelijk geproduceerd en er worden onnodig verf of schadelijke spuitbussen gebruikt (zie ook hoofdstuk 7 Materialen en hoofdstuk 8 Accessoires).

Samengevat kunnen we zeggen, gebruik géén:
- bloemen die met veel schade voor natuur zijn geteeld;
- geverfde bloemen;
- zeer schadelijk geproduceerde ondergronden;
- schadelijke bases, spuitbussen, verf met oplosmiddelen;
- koraal en sommige soorten schelpen uit exotische landen;
- gedroogde, opgezette vissen, delen van dieren of vogels: vogelvlerken, zeesterren;
- beschermde natuurlijke materialen;

tribute positively to this new lifestyle philosophy.

Briefly, we will discuss the practical ramifications of environmentally friendly flower arranging. We can pose the following questions:
- Whether or not the plant material is grown under ecologically sound conditions;
- Whether or not existing flower arranging techniques and helpful aids are damaging to the environment;
- Whether or not bases and ancillary materials are produced under environmentally friendly guidelines.

Plant Material

Flowers should be free of blemishes; at least, that is the opinion of most people. Due to this expectation, growers use pesticides and, depending on climate, often lighting and heating.

It is important to limit excessive use of the above and find alternative ways for less damaging methods of cultivation. The Netherlands is at the forefront in environmentally friendly cultivation. Great efforts and funds have been spent over the last number of years and the results to date bode well for the future. In many countries the environmental laws are not as strict as in the Netherlands or have not been as strictly enforced. One often notices pesticide residues on imported plant products from other countries (see Chapter 7 under Natural Materials).

Flower Arranging Techniques and Ancillary Materials

Certain techniques can, with slight modification, be used in environmentally friendly design. Other existing techniques are not quite suitable due to unnecessary use of materials causing damaging effects. There are, however, many new and alternative techniques, which can be applied in natural flower arranging.

Some of these are: binding, picking, supporting, clamping, stringing and lacing. These techniques determine in large part the design of our flower arrangements. They lend unlimited possibilities, but also pose consequences for the outcome of the design, and should, therefore, be modified when necessary (see Chapter 6 Helpful Aids and Chapter 11 Techniques).

Bases and Ancillary Products

Many bases and ancillary products are being produced causing unnecessary harm to the environment, e.g. dyes or spray paints (to name a few see Chapter 7 Materials, Chapter 8 Accessories).

In short we suggest you do not use:
- flowers, which are grown under environmental damaging conditions;
- dyed and spray-painted flowers;
- bases produced under environmental harmful conditions;

- materiaal dat schade toebrengt aan de natuur;
- materiaal (of zo min mogelijk) dat niet hergebruikt kan worden.

5 GEREEDSCHAP

Om te kunnen bloemschikken is het noodzakelijk het juiste gereedschap aan te schaffen. Voor uw eigen veiligheid is het belangrijk dat u goed materiaal koopt. Gammele tangetjes leiden alleen maar tot ergernis en schade aan uw handen. Voor klein bloemwerk is een goedkoop keukenmesje wel bruikbaar.
Nodig zijn:
- Mes: links- of rechtshandig en goed scherp.
- Snoeischaar: een goed model, scherp en alleen te gebruiken om takken te knippen of dikke bloemstelen, nooit voor ijzerdraad gebruiken.
- Draadtang: met een korte bek, om ijzerdraad te knippen.

Schaar: voor het knippen van papier en lint heeft u een goede en scherpe schaar nodig. Gebruik hem alleen hiervoor. Ook is er een kartelschaar waarmee u geweven lint kunt knippen zodat het minder snel gaat rafelen. Ook dient de kartelschaar voor decoratieve effecten in lint, papier, of verpakkingen.

TIP

Behandel uw gereedschap met liefde dan kunt u er lang plezier van hebben. Onderhoud het mes door het tijdig te slijpen en bescherm uw kostbare gereedschap tegen roest.

6 HULPMIDDELEN

Bij milieuvriendelijk bloemschikken maken we géén of zo min mogelijk gebruik van hulpmiddelen die schadelijk kunnen zijn. De volgende hulpmiddelen zijn handig of soms zelfs noodzakelijk om in een schikking het gewenste resultaat te bereiken:

- Bamboestokjes of harde stelen van bloemen of heesters, ze dienen voor verlenging of versteviging. Met behulp van bamboestokjes kunnen we vruchten of groenten soms gemakkelijk bevestigen.
- Takjes of stelen van heesters of bomen als *Salix* of *Cornus* kunnen als steunmateriaal dienen of in de vormgeving belangrijk zijn. Wigvormige takjes kunnen dienen voor bevestiging of fixatie (foto p. 8).
- Het groen gelakte bloemistendraad is er in verschillende dikten en lengten.

- accessories, spray paint containers, dyes containing harmful solvents;
- coral and certain shells from exotic locales, dried mounted fish, parts of animals or birds, wings of birds and starfish;
- protected natural materials;
- materials which cause harm to the environment;
- materials (as little as possible) which cannot be recycled.

5 TOOLS

To arrange flowers, it is important to have the proper tools. For your safety, you should always purchase good quality tools. Lightweight snips/pliers cause a great deal of aggravation and could hurt your hands. For small arrangements, a lightweight kitchen knife will do.
You will need:
- a sharp knife, right- or left-handed;
- a pair of pruning shears, of good quality and sharp. Use only for branches or thick flower stems. Never cut wire;
- wire cutters, short blades to cut wire and wire netting;
- a good pair of scissors, sharp to cut paper, ribbon etc. Use only for these materials. One can also use pinking shears to cut ribbon to minimize fraying or use it for decorative effect on ribbon, paper or wrapping materials.

TIP

Treat your tools with respect for long lasting use. Maintain knives by regular sharpening and protect your valuable tools against rust.

6 HELPFUL AIDS

Environmentally friendly flower arranging suggests that we limit, as much as possible, materials which are harmful to the environment.
The following support materials are not only convenient, but also essential to get the right results in a design:

- Bamboo stakes, firm flower stems or branches: they serve to extend or support. Fruits or vegetables can be impaled easily on bamboo sticks.
- Twigs or stems of shrubs and trees such as *Salix* or *Cornus* can serve as support material or can be an important feature in a design. Y shaped twigs can be used to support or secure (photo p. 8).
- Green coated florists' wire comes in various gauges and lengths. It is flexible and sometimes necessary to bend flowers into a specific shape, to fasten objects or to strengthen and support flower stems. Only use wire as a last resort, as it is often not necessary; after all there are creative and envi-

Het is buigzaam en soms nodig om bloemen een bepaalde stand te geven of om iets te bevestigen of te verstevigen. Gebruik draad alleen in het uiterste geval, liever niet dus, meestal is het ook niet nodig en zijn er creatieve milieuvriendelijke alternatieven voorhanden. Denk eens aan klemmen, bundelen, hulpstokjes, met raffia of jutetouw binden, gewoon inleggen en dergelijke.

■ Bloemistentape is soms nodig voor afwerking van corsages of bruidswerk en dient ter bescherming of om vocht vast te houden. Caoutchouc is natuurlijk rubbermateriaal en is lastig met natte handen vast te plakken. Craftex of Floratape is van papier gemaakt en plakt vanzelf, het geeft wel gemakkelijk af. Ter vervanging van tape kunt u ook aluminiumfolie gebruiken. Vaak kunt u ook zonder alles tot in detail af te werken tot goede resultaten komen. Alternatieve corsagevormen kunt u ook binden met zilverpapier, raffia of touw. Ook de steelafwerking kan met touw of koord worden gebonden.

■ Steekbuizen (grafbuizen) zijn soms nodig om in grote stukken te gebruiken als de bloemstelen te kort zijn. Kleine bloemenbuisjes (of flesjes), van glas of kunststof, kunt u gebruiken om orchideeën in een schikking te verwerken. Deze gaan snel slaphangen als ze direct in steekschuim staan. Ook kunt u de buisjes toepassen om bloemen in een compositie te verwerken zonder gebruik van steekschuim of gaas (ill. 1). Vul de buisjes wel elke dag met water bij. Deze buisjes zitten vaak om de steel van *Anthurium* en orchideeën, verzamel ze en bewaar ze voor hergebruik. Buisjes of kleine flesjes zijn vele malen opnieuw te gebruiken. Reinig ze met een biologisch afbreekbaar schoonmaakmiddel of doe wat zand in de buisjes met een beetje water en schud flink, spoel ze daarna met schoon water na.

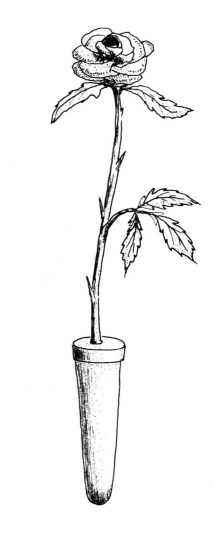

1. Bloem in een klein buisje.

ronmentally friendly alternatives available. Think about clamping, bundling, bending, support twigs, binding with raffia or twine or just place it, etc.

■ Florists' tape is often used in corsage and bridal work, and serves to protect or preserve moisture. Caoutchouc is a natural rubber product and is awkward to work with when hands are wet. Craftex or flora tape is made of paper and adheres by itself, but could leave a stain. Instead of tape, one can use aluminum foil quite often with good results without worrying too much about details. Alternative corsages may be bound with silver paper, raffia or string. The stems can be wrapped with twine or cording.

■ Water vials or cemetery spike containers are often used in large arrangements when the flower stems are too short. Small water vials (or bottles) of glass or plastic may be used to arrange orchids in a design. They tend to wilt quickly when placed in floral foam. You can also use water vials in a floral composition without the aid of floral foam or wire netting (ill. 1). One must make sure that water is topped up daily. Water vials are often attached to stems of *Anthurium* and orchids; collect these for reuse. Water vials can be used many times, but should be thoroughly cleaned with environmentally friendly cleaning agents or add some river sand with a little water and shake vigorously. Rinse after with clean water.

1. Flower in small tube.

7 MATERIALEN

Voor natuurlijk bloemwerk is het van groot belang de materialen te kiezen die geen of heel weinig schade aan het milieu geven; alle verbetering is winst. U kunt voor uzelf nagaan in hoeverre of we hieraan meewerken door bijvoorbeeld een lijst op te stellen van materialen en producten die we thans gebruiken. Plaats daartegenover natuurvriendelijke alternatieven. Dit geeft inzicht in ons handelen en vergemakkelijkt de keuze naar minder schadelijke materialen.

We stellen ons daarbij de volgende vragen of doelen:
- Analyseer de eigen omgeving naar het gebruik en schadelijkheid van materialen, producten en werkwijzen.
- Wat is de schadelijke werking van de materialen die we thans gebruiken, waar kunnen we kennis hieromtrent verkrijgen?
- Zijn er alternatieven voorhanden, zo ja welke en zijn ze verkrijgbaar, wat zijn de kosten hiervan?
- Welke materialen of producten kunnen beter niet meer worden gebruikt als er geen alternatieven zijn?
- Hoe gaan we met afval om, maken we zelf compost als de mogelijkheid er is?
- Wat zijn de voor- en nadelen van gebruik van alternatief materiaal?
- Hoe blijven we kritisch en ontwikkelen we een natuurvriendelijke houding en hoe stimuleren we onze omgeving hierin.
- Welke alternatieve bloemschiktechnieken zijn bruikbaar?

Natuurlijk materiaal

Biologisch geteelde bloemen
Het is ideaal om bloemen te gebruiken die biologisch zijn geteeld. Deze bloemen worden zonder gebruikmaking van chemisch-synthetische bestrijdingsmiddelen en kunstmest op kleine schaal in Nederland geteeld. Biologische bloemen worden sinds 1990 geteeld onder het Nederlandse merk *GEA* (Gea is de godin van de aarde.). GEA-bloemen hebben het *EKO-keurmerk* (ecologisch geteeld, zie ook p. 117 onder het kopje Nuttige adressen). Let op: bloemen met de 'vrije' aanduiding 'ECO' zijn niet officieel, wat nogal verwarrend is.
De biologische teelt onder het merk EKO heeft een wettelijk beschermde status. Het aanbod is groeiende. De teelt staat onder controle van het *SKAL* (een onafhankelijke controle-instantie). Bij volledig biologisch geteelde bloemen moeten we er wel genoegen mee nemen dat kleine onvolkomenheden aan de steel, de bloem of het blad soms normaal zijn. Het is de vraag of dat zo erg is.

7 MATERIALS

In natural flower arranging, it is most important to use materials, which do not cause or do little harm to the environment; every effort towards this goal helps!
We can analyze for ourselves whether or not we are consciously working towards a solution by, for example, making a list of the materials and products we are using today.
On the pro side, list the environmentally friendly alternatives. This exercise provides insight into our actions and attitude, as well as simplifies the choices towards less harmful products.

We should ask ourselves the following questions and objectives:
- Analyze your own environment with respect to the use and extend of harmful materials, products and working methods.
- What is the damaging effect of the materials we are using now and where can we get the information about them?
- Are there alternatives close at hand, and if so, where are they available and what is the cost?
- Which products or materials should be eliminated, even when there are no alternatives?
- What do we do with waste products? Do we have an opportunity to make compost?
- What are the pros and cons in the use of alternative materials?
- How do we develop a critical eye to foster and stimulate an environmentally friendly attitude in our neighbourhoods?
- Which alternative flower arranging techniques are useful?

Natural Materials

Biologically Cultivated Flowers
The ideal, of course, is to use only biologically cultivated flowers. These flowers are grown without the aid of chemical and synthetic pesticides and fertilizers, and are available in the Netherlands. Only limited quantities are available.
Biological flowers have been grown since 1990 under the trade name *GEA* (Gea is the Goddess of the Earth). GEA flowers displaying the seal *EKO* are ecologically grown (see p. 117 under heading Useful Addresses). Watch out for flowers traded under the name 'ECO', which is confusing and is, in the Netherlands not officially sanctioned. The trade name EKO is legally protected and the supply of products is growing steadily.
The growing conditions are closely monitored by *SKAL* (an independent Dutch enforcement agency).
Completely biologically cultivated flowers do, at times, show some imperfections on the stem, flower or foliage. The question is, is that so bad?

Milieukeur

Bloemen en planten onder het label van *Milieukeur* geven aan dat het meest haalbare is gedaan om tijdens de teelt en verwerking schade aan het milieu te voorkomen. Producten met het Milieukeur zijn herkenbaar aan het logo. Milieukeur is een betrouwbaar Nederlands keurmerk dat alleen mag worden afgebeeld op producten die voldoen aan de hoge milieueisen. Er zijn voorschriften voor het gebruik van bijv. gewasbeschermingsmiddelen, energie, bemesting en (grond)water en het is verplicht om afval gescheiden in te zamelen. Deze milieueisen worden geformuleerd door de *Stichting Milieukeur*, een onafhankelijke organisatie met vertegenwoordigers van consumenten- en milieuorganisaties, producenten, detailhandel en de overheid. Een onafhankelijke organisatie controleert de bloemen en planten met Milieukeur. Deze controle geldt voor de telers maar ook de verkooppunten. (Zie ook p. 117, Nuttige adressen.)

Milieu Programma Sierteelt

MPS (Milieu Programma Sierteelt) is een internationale geaccrediteerde certificeringsorganisatie. MPS heeft een milieustandaard ontwikkeld, gebaseerd op de registratie van vier milieuthema's: gewasbeschermingsmiddelen, meststoffen, energie en wijze van afvalscheiding. Ook veiligheid, gezondheid en arbeidsvoorwaarden spelen een rol. De Nederlandse sierteelt heeft in 1995 het initiatief genomen tot oprichting van MPS.

Via registratie halen deelnemers een aantal punten. Naar aanleiding hiervan ontvangt de deelnemer de kwalificatie: *MPS-A, B* of *C*.

MPS-A staat voor het meest milieubewust. Alleen deze deelnemers kunnen in aanmerking komen voor Milieukeur. MPS is een business to business label en daarom is het niet gemakkelijk voor de consument te onderscheiden welke producten wel of niet de MPS-kwalificatie hebben. MPS heeft een nauwe samenwerking met de

Environmental Label 'Milieukeur'

Flowers and plants grown under the Dutch label *Milieukeur* means that flowers grown and handled under these conditions have achieved the utmost in environmental controls and safeguards as well as minimize harm to the environment.

Products bearing the seal "Milieukeur" can be recognized by this logo (see above). Milieukeur is a trustworthy trade mark in the Netherlands and can only be used on products which have passed strict environmental controls. There are strict regulations pertaining to the use of pesticides, energy, fertilizer, (ground) water and compliance to separate and collect waste in specific containers.

These ecological demands are formulated by the Dutch foundation "Milieukeur". This is an independent organization with representatives of consumer and environmental groups, producers and government agencies. An independent organization checks the flowers and plants with "Milieukeur". These controls also apply to growers, wholesalers and retailers. (Also see p. 117, Useful Addresses.)

Floriculture Environmental Programme
(Milieu Programma Sierteelt)

MPS (Milieu Programma Sierteelt) is an international accredited certification organization.

MPS developed environmental standards based on the registration of four environmental concerns: pest control products, fertilizers, energy and method of waste separation. Also safety, health and labour management play a role.

The Netherlands' horticultural industry has (in 1995) taken the initiative to mount the MPS program. Via registration, participants can earn certain points. From the information received, the participant gets a certain certification e.g. *MPS-A, B* or *C*. MPS-A signifies most environmentally conscious; only these members are considered for membership in "Milieukeur". MPS is a business to business label and difficult for the consumer to distinguish which products do or do not have the MPS designation. MPS has a close working relationship with the Dutch organization "Milieukeur" for the express purpose to create awareness and recognition of the MPS logo and certified products to the consumer.

MPS's aims and objectives (see Useful Addresses at the end of this book) are to reduce the environmental burden in ornamental horticulture:
- through energy reduction;
- reducing of chemical pesticides;
- switching over to biological and integrated pest control;
- reducing or eliminating chemical fertilizers;
- separating waste products;
- responsible water consumption;
- banning the dyeing of flowers;
- environmentally friendly packaging.

Stichting Milieukeur, met als doel om naar de consument via het logo van Milieukeur herkenbaarheid van de gecertificeerde producten te communiceren. De MPS-doelstellingen (zie ook p. 117 onder het kopje Nuttige adressen) zijn het terugdringen van milieubelasting op sierteelt door:

■ minder energieverbruik;
■ minder chemische bestrijdingsmiddelen;
■ overschakeling op biologische en geïntegreerde bestrijding;
■ minder of geen kunstmatige bemesting;
■ gescheiden afvalverzameling;
■ verantwoord watergebruik;
■ verbod op het verven van bloemen;
■ milieuvriendelijke verpakking.

Pluk géén wilde bloemen

Het ligt voor de hand om bij het denken aan natuurvriendelijk bloemschikken 'het veld' in te duiken en wilde bloemen, blad en takken te plukken. Langs de wegkant en de berm is in het voorjaar en in de vroege zomer vaak een rijke schakering aan bloemen te vinden. Doordat er gelukkig nog maar weinig wordt gemaaid, krijgen deze soorten gelegenheid om zaad te produceren en zich zo in stand te houden en te verspreiden. Maar als duizenden mensen voor hun bloemwerk wilde bloemen gaan plukken, dan is er snel niet veel meer over want er wordt dan ook geen zaad meer gemaakt. Bovendien zijn veel wilde bloemen slechts kort houdbaar, om die reden zijn ze dan ook niet geschikt voor bloemwerk. Ook is het niet toegestaan, er zijn eigendomsbeperkingen en er zijn beschermde natuurgebieden.

Uitsteken, plukken of afsnijden van zeldzame planten is natuurlijk helemaal uit den boze en verboden, ook het in bezit hebben is verboden mits het met ontheffing gekweekte planten betreft. Hiervoor is er de wet op beschermde planten en dieren, het overtreden van deze wet kan een gevangenisstraf opleveren of een boete. De planten waar het om gaat, staan vermeld in een lijst 'Beschermde inheemse planten in Nederland' (zie hiervoor mijn website, deze staat onder Nuttige adressen op p. 117). Naast deze lijst zijn er nog aanvullingen die per gemeente of provincie verschillen.

Voor internationale regelgeving voor bescherming van en handel in beschermde planten is er de *CITES*: Convention on International Trade in Endangered Species. Informatie over Cites via het Ministerie van LNV, Den Haag, of op de Cites-website.

Droogbloemen

Het is nooit bezwaarlijk om bloemen, blad en vruchten op natuurlijke wijze te drogen en dan in bloemwerk te verwerken. Het is zelfs erg leuk om te doen en u geniet extra lang van uw creatie. Niet gewenst is het ze met chemische middelen te prepareren of te verven. Verf op waterbasis is minder schadelijk en dat gebeurt in de handel steeds meer. Men gebruikt hiervoor o.a. kleurstoffen uit de voedselindustrie.

Do Not Pick Wild Flowers

One almost assumes that when the mood strikes us to arrange flowers the natural way is to go out into the fields and gather arms full of flowers, branches and foliage. The spring and early summer provide an abundance and variety of flowers along hedge rows and countryside. Fortunately, they are not always mowed down and thus able to produce seeds to maintain and spread themselves. But, if thousands of people had the same idea to cut wild flowers for their arrangements, there will not be many left to produce seed. Furthermore, many wild flowers are not long lasting and wilt easily, which makes them really unsuitable for flower arranging. It is also prohibited to cut in wild life sanctuaries and protected nature reserves. To dig up or cut endangered species is, of course, totally unacceptable; also, possession of the plants is forbidden, unless they are grown in nurseries. There is a law concerning protected plants and animals, and circumventing the law can result in a fine or imprisonment.

For international regulations regarding the protection of and trade in plants is an agency called *CITES*: Convention on International Trade in Endangered Species. Information can be obtained via your own country's Ministry of Agriculture or can be found on the Cites-website (see p. 117, Useful Addresses).

Dried Flowers

It is not difficult at all to dry flowers, foliage and fruits the natural way and then arrange them into beautiful bouquets. As a matter of fact, it is rather fun to do and you are able to enjoy your creation for a long time. It is not advisable to preserve them with chemical products or spray paint.

Dyes, which are dissolved in water, such as food colouring, are less harmful and more frequently used in the trade.

Inert Materials

Inert materials are pottery, glass, bases of metal etc.

Also, many helpful aids and ancillary materials belong to this group. Most are derived from natural materials, but some, such as oil, copper, metals etc. are not sustainable in the long run.

Bases

The first choice should be of bases, which are made from natural materials, e.g. baskets made of willow, bamboo and others. The problem is, that they do not hold water. They are, of course, suitable for dry flowers, but for live flowers we need a waterproof container to fit inside or use a plastic liner. Absolute water proofing with plastic liners is difficult to achieve.

Bases of ceramics, glass and metal are often waterproof. Unglazed pottery does not hold water. Metal bases are not suitable due to the fact that the metal oxide shortens the life span of flowers; place a glass or plastic container inside the metal box or use paint. Aluminium oxidizes substantially when it comes in contact with water and flowers.

SUSHI-STIJL

Verrassend leuk is de sushi-stijl. Een methode waarbij u in de schaal of bak, in dit geval
Zaalberg aardewerk, met takken kruiselings een soort raamwerkje maakt. Dan neemt u een
blad (goed bruikbaar is het blad van *Aspidistra, Galax, Hedera* en *Bergenia*) en rolt daar een
klein bosje bloemetjes of bestakjes in. Het blad bevestigt u met een cocktailprikker zoals op
de tekeningen is uitgelegd. De bundeltjes zet u klem tussen het takkenspel. U kunt net zo veel
of weinig bundeltjes plaatsen als u wilt. Verwerkt zijn: *Ageratum houstonianum, Didiscus caeruleus, Aspidistra elatior, Asparagus umbellatus, Jasione, Celosia, Eucalyptus* en *Tillandsia usneoides*.

SUSHI STYLE

Surprisingly interesting is the Sushi style of arranging. This is accomplished through a
method by which branches are fastened crosswise in, e.g., a Zaalberg container. After the
technique is in place, proceed to take an *Aspidistra, Galax, Ivy* or *Bergenia* leaf and fold a
little bunch of flowers inside.
The leaf is fastened with a cocktail pick as shown in the sketches. The bundles are wedged
between the branches. Use as few or as many as you wish.
Used are: *Ageratum houstonianum, Didiscus caeruleus, Aspidistra elatior, Asparagus umbellatus,
Jasione, Celosia, Eucalyptus* and *Tillandsia usneoides*.

Wooden bases, such as salad and fruit bowls are found in home
and kitchen accessories stores. You can also make them yourself
of old or discarded wood.
Do not use hardwood from the tropics, unless from specific des-
ignated forests.
Robinia pseudoacacia is a hardwood that lasts a long time and is
specifically grown for this purpose. Use waterproof inserts in
wooden trays or bowls to protect them.
If desired, colour them with leftover paint or, better still, use
water-based paint.

TIP

No longer fashionable or damaged bases can be rejuvenated by covering them
with paper, old lining, palm fibre, etc. Tie string, raffia, copper wire or cording
firmly around the old base.

TIP

Collect discarded bases or visit flea markets. You can, often, find some interesting things.

TWEELINGSUSHI

In deze tweelingschalen (Mobach-schalen) is een samenspel gemaakt van bundeltjes in de sushi-techniek. U kunt desgewenst elke schaal anders invullen, maar wel zo dat de schalen samen een harmonie vormen. Om eenheid te bereiken kunt u eventueel ook ranken van de ene naar de andere schaal laten lopen.

Verwerkt zijn: *Malus, Bergenia cordifolia, Lavandula, Myosotis palustris, Stachyurus praecox* en *Hedera*.

TWIN SUSHI

Due to their similarity, twin Mobach containers display a harmonious connection through the use of small bundles in the Sushi technique.

You can, if you wish, arrange each container differently, but it should be done in such a manner, so that the whole creates unity and harmony.

Letting vines trail from one container to the other can strengthen unity.

Used are: *Malus, Bergenia cordifolia, Lavandula, Myosotis palustris, Stachyurus praecox* and *Hedera*.

Niet-natuurlijk materiaal

Tot het niet-natuurlijke materiaal rekenen we aardewerk, glas, ondergronden van metaal en dergelijke. Ook vele hulpmiddelen en bijmaterialen kunnen hiertoe behoren. De meeste worden wel van natuurlijke materialen gemaakt, maar sommige zoals olie, koper, metaal en dergelijke zijn op termijn niet onuitputtelijk beschikbaar.

Ondergronden

De eerste keuze mag liggen in ondergronden die gemaakt zijn van natuurlijk materiaal zoals mandwerk van teen, pitriet en dergelijke. Nadeel hiervan is dat ze niet waterdicht zijn. Voor droogbloemwerk zijn ze zo bruikbaar, voor levende bloemen moeten we een waterdichte binnenbak of eventueel folie aanbrengen; volledige waterdichtheid is met folie moeilijk te bereiken.

Ondergronden van aardewerk, glas en metaal zijn vaak wel waterdicht. Niet of niet goed geglazuurd aardewerk laat wel water door. Metalen ondergronden zijn vanwege schade die metaaloxide geeft aan bloemen niet zo te gebruiken. Plaats een glazen of oude kunststof binnenpot in de metalen ondergrond of verf deze. Aluminium oxideert vaak zeer sterk bij contact met water en bloemen.

TIP

Oude, uit de mode geraakte of beschadigde ondergronden kunt u een alternatief uiterlijk geven door ze met papier, oud folie, palmvezel of iets dergelijks te bedekken. Met touw, raffia, koperdraad of band bindt u het materiaal stevig rond de oude ondergrond.

TIP

Verzamel afgedankte ondergronden, ga eens naar een rommelmarkt, u vindt vaak de mooiste dingen.

ZONNEBUNDEL

In dit arrangement is een parallelgebonden bundel geplaatst en klemgezet in de glazen vaas. De stenen zorgen ervoor dat alles op zijn plaats blijft. De twee bindsels zijn gemaakt met extra dik touw en de einden zijn bewust lang gelaten en van kleine knoopjes voorzien. Het geeft een extra decoratief effect, maar u kunt er natuurlijk ook voor kiezen heel strakke bindsels te maken. De feestelijke zonnebloemen geplaatst in het transparante groen maken dit tot een echte zonnebundel.

Verwerkt zijn: *Asparagus umbellatus* en *Helianthus annuus.*

BUNDLE OF SUNSHINE

This arrangement features a parallel tied bundle, wedged in a glass vase. Stones provide stability. The bundles are tied in two places, using extra heavy string. The ends are purposely left long with tight, little knots to create an extra decorative effect, or you can opt for greater simplicity. The festive sunflowers, placed in a transparent green vase, make it truly a bundle of sunshine.

Used are: *Asparagus umbellatus* and *Helianthus annuus.*

NARCISSENFEEST

Een aardige en decoratieve manier van bloemen verwerken is de bloemen in kleine bundeltjes te binden en dan een aantal bundeltjes samen in een vaas of in een groepje vazen te zetten. Zeker in een doorzichtige glazen vaas is het effect van de stelen en de bindsels erg aardig. U kunt dit met meerdere soorten bloemen doen, maar bij sommige soorten is het wellicht een idee ook onder de bloemen blad mee te binden. Zorg ervoor dat alle stelen in het water staan. Kleine steentjes of schelpen geven een decoratief effect aan de schikking.

Verwerkt zijn: *Narcissus.*

DAFFODIL FESTIVAL

A nice and decorative way to arrange flowers is to tie them in small bundles, and then combine several of these bundles in a vase or group of vases. Especially in a transparent glass vase, the effect of stems and bindings is very appealing.

You can do this with many kinds of flowers, but some varieties may look better if foliage is included. Always make sure, that all stems are in water. Small stones or shells provide a decorative effect.

Used are: *Narcissus.*

Behalve dat ze te koop zijn, kunt u houten ondergronden vinden in huis- en keuken-accessoires zoals slakommen en fruitschalen. Ook kunt u ze gemakkelijk zelf maken van (oud) hout; geen tropisch hardhout gebruiken, tenzij dit van speciale plantages afkomt. *Robinia pseudoacacia* heeft hard hout dat lang meegaat, het wordt speciaal geteeld. In houten bakken en schalen kunt u eventueel een binnenbakje plaatsen voor water zodat het hout droog blijft. Desgewenst geeft u ze een kleurtje met oude restjes verf of u gebruikt verf op waterbasis.

8   ACCESSOIRES

Onder accessoires worden allerlei materialen verstaan in bloemwerk die aanvullend worden gebruikt ter decoratie zoals lint, kaarsen, stenen, grind, zand, kralen, veren, folie; ze zijn niet essentieel voor het bloemwerk, maar bepalen wel mede het eindresultaat. De milieugedachte in ere houdend gebruiken we natuurlijk bij voorkeur reeds bestaande materialen en schaffen we geen accessoires aan die door productiewijze, materiaalsoort of afvalschadelijkheid slecht zijn voor het milieu. Altijd verboden is het gebruik te maken van beschermde materialen zoals koraal, bepaalde schelpen, producten gemaakt van beschermde diersoorten en dergelijke. Rommelmarkten bieden volop kansen tweedehands accessoires op de kop te tikken. Sommige accessoires en ook attributen kunt u natuurlijk gemakkelijk zelf maken. Papier-maché biedt veel mogelijkheden, maar ook van natuurlijke materialen kunt u zelf iets maken: van takken buigt u een hart- of kruisvorm, van blad maakt u een lauwerkrans of u gebruikt het als basis in een ondergrond.

Lint, koord, touw, band

Een van de oudste en meest decoratieve accessoires in de bloemsierkunst is lint. Al eeuwenlang wordt het gebruikt als decoratief materiaal in de versiering. Het geeft een rijk effect en roept sfeer en romantiek op. Het wordt ook wel toegepast om een boeket mee samen te binden en voor verpakkingsmateriaal of als decoratie aan verpakking. Er zijn verschillende materiaalsoorten die worden toegepast. We maken onderscheid in plantaardige, dierlijke en minerale grondstoffen. Het ene materiaal is volkomen natuurvriendelijk, het andere minder of niet. Het is handig om een aantal strikvormen te leren maken en deze toe te passen in uw bloemwerk. Met creativiteit kunt u zelf al veel leuke toepassingen bedenken.

8   ACCESSORIES

Accessories are an assortment of materials which contribute to the decorative value of an arrangement, for example, ribbons, candles, stones, gravel, sand, beads, feathers and foil; they are not essential in an arrangement, but help to convey a specific meaning or idea. From an environmental perspective, we try to use existing materials and refrain from using materials, which because of production processes, material characteristics or harmful byproducts, cause damage to the environment.

It is, of course, strictly forbidden to make use of protected materials, such as coral, certain shells and products made from protected animal species.

Flea markets are excellent sources to pick up second hand accessories. Some accessories, including attributes, can often and easily be made by oneself.

Paper mache provides ample possibilities, but natural materials are also excellent sources to express creativity. Branches can be bent into heart or cross shapes; you can make a laurel wreath from leaves or use it as a base for an arrangement.

Ribbon, Cording, Twine, Ties

Ribbon is one of the oldest and most decorative accessories in flower arranging. For centuries, ribbon has been used as a decorative feature in decorations and designs. It looks rich and evokes a romantic atmosphere. It is used to tie flowers together in a bouquet, as well as providing a festive touch to gift packages.

Ribbon is made from products containing various substances. We distinguish between vegetative based, animal based, and mineral based materials. Certain materials are totally environmentally friendly, while others are less so. It is a good idea to learn a number of bow tying techniques and apply them in your flower arrangements. Using your own creativity can develop many interesting ideas for ribbon application.

Candles

Candles are a source of ambiance and light. They are made from stearine, paraffin, beeswax or a combination of raw materials. The purer the raw materials, the less pollution they create. Candles are available in many shapes and sizes. The form is important, because it has to fit in with the design. The colour should compliment the colours of the flowers, either in the same tone or a contrasting one.

There are white, through and through solid colours, and candles which have been coloured on the outside only. The last ones have better burning qualities and they contain fewer dyes.

Kaarsen

Kaarsen zijn bronnen van sfeer en licht. Ze worden gemaakt van stearine, paraffine, bijenwas of van een combinatie van grondstoffen. Hoe zuiverder de grondstof, hoe minder vervuiling ze brengen. Kaarsen zijn er in vele soorten en maten. De vorm is van belang omdat deze in de schikking moet passen. De kleur moet aansluiten op de bloemkleuren, hetzelfde zijn, of hiermee contrasteren. Er zijn witte, geheel door-en-door gekleurde kaarsen en kaarsen die een gekleurd buitenlaagje hebben. Deze laatste hebben van de gekleurde de beste brandeigenschappen en ze bevatten minder kleurstof. Zorg ervoor dat de kaarsen veilig worden verwerkt en niet het stuk of de omgeving in brand kunnen zetten. Houd tussen kaarsen een tussenruimte aan van ten minste de kaarsdikte anders branden ze op elkaar in.

Stenen, grind

Keien, grind en stenen in allerlei vormen, kleuren en maten zijn bruikbaar in vegetatief bloemwerk, landschapjes, tuintjes, waterschikkingen en dergelijke. Het contrast met een mooie steen kan heel natuurlijk of decoratief werken in de schikking. Verzamel verschillende soorten van dit mooie materiaal.

Houtstronkjes

Takken, stronken, ranken, wortels van bomen, planten en struiken hebben soms een heel eigen karakteristieke vorm, structuur, textuur en kleur. Mooi zijn ook de gevonden, vaak geheel uitgebleekte, takken op het strand of langs rivieren, het zogenoemde driftwood. In vele vormen van bloemwerk geeft dit materiaal een heel fraai effect. U kunt het centraal en (over)heersend toepassen of het als speciaal effect in de schikking verwerken.

Metaal

Vooral in bedrijfsafval en in oude roestige metalen zijn mooie vormen en structuren te vinden die in bloemwerk een rol van betekenis kunnen spelen. Ook tijdens de bouw van een woning of bedrijfspand zijn vaak zeer fraaie en bruikbare metaalresten te vinden. De kromste vormen zijn vaak het boeiendst.

Kunststof

We denken hierbij alleen aan recyclingmateriaal dat decoratief een functie kan hebben. Folie, plastic en polyester zijn de bekendste materialen, maar ook kunststof kralen en allerlei frutsels behoren tot de mogelijkheden. Let er wel op dat gechloreerd materiaal zoals PVC uit den boze is om te gebruiken.

Schelpen

Je kunt schelpen gebruiken die je in Nederland op het strand vindt. Bedenk dat tropische schelpen veelal beschermd zijn, ook als ze op het strand liggen, bezit is dan al strafbaar. Met schelpen kunnen leuke effecten worden bereikt in de schikking, maar het gebruik is dus beperkt.

TIP

Schelpen van mosselen en oesters zijn heel fraai toepasbaar, bewaar ze na uw diner voor hergebruik in uw bloemwerk.

It is important to use candles safely in arrangements to prevent fires in the design or home. In an arrangement, candles should be spaced at least the thickness of the candles to prevent them from melting together.

Stones and Gravel

Rocks, gravel and stones are found in all shapes, sizes, colour and form; these are very useful in vegetative arrangements, landscapes, gardens and water features. The contrast, created with a beautiful stone can be very natural or decorative in a design. Do collect a nice assortment of this beautiful material.

Gnarled Wood Stumps

Branches, tree stumps, vines, roots of trees, plants or shrubs, do possess unique characteristics as far as form, structure, texture and colour are concerned. Also beautiful, are the bleached branches found along the beach or riverbanks, the so-called driftwood. Driftwood in its various forms and shapes can create beautiful effects in a flower arrangement. It can be used as the main feature or as a supporting element in a design.

Metal

Factory waste sites often provide opportunities to find old, rusty metals in interesting shapes and forms; these structures can play an important role in a floral design. Even on construction sites one can find discarded, but often useful and interesting parts. The most gnarled and twisted pieces are often the most exciting.

Synthetic Materials

We really should think in terms of recycled materials. Materials, which can be reused to provide a decorative function in a design such as foil, plastics and polyester, are the best-known materials, but also synthetic beads and all sorts of trinkets have possibilities. Be aware that chlorine treated materials such as PVC should not be used.

Shells

Most shells, which are found along the beaches in The Netherlands, can be used in design. Shells found in the tropics, however, are often protected, even if found on the beach; possession will carry a penalty. Shells can provide interesting effects in a design, but their use is actually limited.

TIP

Shells of mussels and oysters are very becoming and suitable in a design; collect them after dinner for reuse in your flower arrangements.

LIEFELIJK BOEKET

Willekeurig zomaar stelen kriskras los in een vaas steken
kan best wel leiden tot een aantrekkelijke compositie en
waarom ook niet? Als u een glasvaas neemt, zult u de
kruisende lijnen zien, de stelen maken dan een deel uit
van de compositie. Het lijkt rommelig te zijn, maar u kiest
hier dan bewust voor. De beste werkwijze is te beginnen
met de lage soorten zoals blad en bloemen die net over
de rand van de vaas komen. Naarmate u meer steun
ondervindt, kunt u de bloemstelen plaatsen in het
midden en rechtop.
Verwerkt zijn: *Alchemilla mollis, Campanula glomerata,
Centaurea montana, Clematis, Gerbera, Limonium* 'Emille',
*Lupinus, Lunaria annua, Nigella damascena, Ornithogalum
thyrsoides, Paeonia, Rhododendron* en *Thalictrum*.

A LOVELY BOUQUET

A random placing of flowers in a vase often leads to an
attractive composition, and why not? When you take a
glass vase, you can observe the crossing lines; the stems
are, therefore, part of the composition.
Sometimes, it may look untidy, but that is the look you
have chosen. The best way to start is with the short-stem-
med flowers and leaves, which just peek over the rim of
the container. The formation of stems, thus formed, provides support for the centre flowers.
Used are: *Alchemilla mollis, Campanula glomerata, Centaurea
montana, Clematis, Gerbera, Limonium* 'Emille', *Lupinus,
Lunaria annua, Nigella damascena, Ornithogalum thyrsoides,
Paeonia, Rhododendron* and *Thalictrum*.

9   ATTRIBUTEN

Een attribuut in een schikking is een voorwerp dat een bepaald iets verbeeldt, de mijter en staf van Sinterklaas, kerstsymbolen, een hartvorm in een Valentijnsschikking, emblemen, een bedrijfslogo en dergelijke. Attributen kunnen tot het wezen van een schikking behoren (voorwerpversiering, fantasiestuk of cadeauschikking) of deze extra doen uitkomen. Voorwerpen in een schikking verwerken doet u vooral om een symbool uit te beelden of omdat het gewoon leuk staat. Beeldjes, siervoorwerpen en dergelijke worden het meest toegepast. Probeer het voorwerp de gewenste rol te laten spelen in de schikking. Stel het centraal als dat nodig is voor de uitbeelding en pas de bloemen in de vormgeving hierop aan. Zorg ervoor dat het niet beschadigt of nat wordt.

10   BIJMATERIAAL

Allerlei materialen welke wij in een schikking kunnen verwerken en die niet tot de hoofdmaterialen worden gerekend, zoals ondergeschikte bloemen, bladsoorten, bessen, vruchten, mossen en dergelijke behoren tot het bijmateriaal. Het maakt de harmonie in de schikking compleet, kan leiden tot een interessante materiaalvariatie en het verhoogt het verrassingselement in de schikking. Maak een bewuste keuze in wat u wel en niet wilt gebruiken. Soms is het overbodig of voegt het niets toe aan het arrangement.

11   TECHNIEKEN

Van alle bekende bloemschiktechnieken zijn er een aantal direct toepasbaar in milieuvriendelijk bloemwerk. Sommige bestaande technieken zijn niet geschikt vanwege onnodig hulpmateriaalgebruik of schadelijke effecten, lijm laten we dan ook achterwege, tenzij u met natuurlijke lijm werkt zoals het wit van een ei. Maak liever de keuze om in het geheel geen schadegevend materiaal te gebruiken of gebruik materiaal steeds opnieuw zoals gaas. Laten we eens nagaan welke technieken toepasbaar zijn.

2. Techniek om een handgebonden boeket te maken in de spiraalvormtechniek. Neem de middenbloem en leg alle bloemen die links daarvan komen schuin voorlangs. Leg alle bloemen die rechts van het midden komen schuin achterlangs. Draai het boeket regelmatig en zorg voor een goede vorm. Bind alles op één punt samen.

9   ATTRIBUTES

An attribute is an object which represents something, for example, a mitre and staff for St. Nicholas, Christmas ornaments/symbols, hearts in a Valentine's arrangement, emblems, company logos, etc.
Attributes can indeed be the essence of a design such as an object decoration, fantasy arrangement or a gift arrangement, or provide extra emphasis to the above. Objects in a design are often used to portray a symbol, or because it is a unique idea.
Statuary sculptures, ornaments, etc. are most often used. Try to portray the object in a composition; make it the focal point if necessary, and arrange or subordinate the flowers in the design accordingly. Take care to prevent damage and protect from moisture.

10 SUBORDINATE MATERIALS

This is a collective name for materials which can be used in an arrangement but do not belong to the primary group, e.g. filler flowers, leaf material, berries, fruits, mosses, etc.
They are classified under subordinate materials. They complete the harmony in an arrangement and lead to interesting variations in materials as well as heighten the surprise elements in a design. Make a conscious decision of what you like or do not like to use. Sometimes, it may be superfluous and does, therefore, not contribute to the design.

2. Technique for a hand tied bouquet - spiral technique. Hold the centre flower and place all flowers diagonally to the left in front of the centre flower. Place all flowers to the right of the centre flower diagonally behind. Turn the bouquet as you go along to ensure a proper form. Tie all stems at one point.

11 TECHNIQUES

Of all known flower arranging techniques, several are immediately applicable in environmentally friendly floral designs. Some other techniques are not suitable due to the use of unnecessary ancillary materials, creating harmful effects. We prefer to use a natural glue such as egg white versus regular glue. Rather, make a choice not to use any harmful materials, but recycle materials over and over again e.g. chicken wire.
Let us review some acceptable techniques.

FESTOEN

Een festoen gemaakt in een milieuvriendelijke techniek. De kern is een touw dat is omwikkeld met stro. U kunt het nog zien als ophangoog. Daaromheen zijn takken van conifeer gebonden. Het binden is met jutetouw gedaan. Tussen het groen zijn vezelvellen van de palm meegebonden voor een decoratief effect en dat geldt ook voor de bundeltjes kaneelstokjes. De gedroogde sinaasappelschijfjes zijn los tussen het groen gestoken. U kunt deze eventueel met een ijzerdraadje bevestigen.
Verwerkt zijn: *Chamaecyparis* sp. en *Thuja*.

FESTOON

This festoon is made in an environmentally friendly technique. The foundation is a piece of rope to which straw is bound to the correct thickness. Around the straw base, conifer branches are tied with jute twine. Palm fibres are tied between the greens, including small bundles of cinnamon sticks to give it a decorative effect.
Dried orange slices are placed between the greens or could be fastened with wire.
Used are: *Chamaecyparis* sp. and *Thuja*.

ALTERNATIEVE KRANSVORM

Ook deze krans is in een alternatieve techniek gemaakt. Als basis dient een kant-en-klare strokrans. Jute is met touw gedeeltelijk rond de krans gebonden. Daarna zijn rond de krans op de open plekken lange takken groen gebonden. Met het groen zijn stukjes boomschors meegebonden. Gedroogde sinaasappelschijfjes en conifeerkegeltjes zijn met draad ingestoken. Ter decoratie zijn steranijs en lampionnetjes aangebracht. Een flinke strik van jute bekroont de krans. Verwerkt zijn: *Pinus strobus, Physalis alkekengi* var. *Franchetii* en *Juniperus.*

ALTERNATIVE WREATH

This wreath is made using an alternative design technique. The base consists of a ready made straw wreath. Strips of burlap are partially wound around the wreath. Long branches of juniper and pine are tied to the uncovered parts, including pieces of tree bark. Dried orange slices and pine cones are attached with wire, while star flowers and Chinese lanterns provide decorative touches. A large burlap bowl completes the design.
Used are: *Pinus strobus, Physalis alkekengi* var. *Franchetii* and *Juniperus.*

3. Techniek om een parallelbindsel te maken, bruikbaar voor een boeket of een speciale bundel. Leg de stelen naast elkaar en bind ze op twee plaatsen samen.

Bindtechnieken

Hieronder verstaan we het bijeenbinden van bloemen en blad tot een boeket of bundel. We onderscheiden hierin de korenschooftechniek ook wel spiraalvorm genoemd en de paralleltechniek.

Bij de korenschooftechniek (ill. 2) binden we de stelen zó dat deze in een spiraalvorm worden geplaatst. Op één punt binden we de stelen netjes en stevig bijeen. Dit is een der oudste en meest praktische technieken in de bloemsierkunst. Rest ons nog dat we de stelen schuin afsnijden en het boeket in het water plaatsen. De spiraaltechniek is geschikt voor alzijdig ronde boeketvormen alsmede voor eenzijdige boeketten. Bloemen plukken, ze tot een tuiltje of boeketje vormen en dan samenbinden, eenvoudig toch!

Bij de paralleltechniek (ill. 3) leggen we alle bloemstelen in dezelfde richting naast elkaar. Dit heeft meestal directe gevolgen voor de vormgeving van het boeket (foto p.11). De paralleltechniek is meer geschikt voor de lineaire en parallelle boeketvormen, strakke bundels, alternatieve vormen en voor handgebonden bruidsboeketten. Het voordeel van de parallelle techniek is dat de stelenbundel dunner is en minder ruimte inneemt, dan bij de korenschooftechniek. Hierdoor is ze bruikbaar voor een verfijnd handboeketje, voor nauwe vaashalzen en om als decoratieve bundels in vazen te plaatsen. Bundeltjes kunnen uit een enkele soort bestaan of uit een combinatie van bijvoorbeeld *Rosa* of *Freesia* met *Asparagus*-groen. We binden bij de parallelle techniek de steelbundel op twee plaatsen bijeen. De vormgeving kan zowel eenzijdig als alzijdig zijn (ill. 4 en foto p. 12).

Bindtechnieken zijn ook ideaal voor het maken van allerlei guirlandes, kransen, takkenconstructies, bindsels en vlecht- en knooptechnieken (foto's p. 28 en 29).

3. Parallel tying technique, useful for a bouquet or a special bundle. Place the stems side by side and tie them together in two places.

Binding Techniques

This means the tying together of flowers and foliage into a bouquet or bundle. We distinguish two basic styles: the sheaf technique, also called the spiral technique, and the parallel technique.

The sheaf technique (ill. 2) binds the stems in such a way that they are placed in a spiral fashion. At one point the stems are neatly and firmly tied together. This is one of the oldest and most practiced techniques in the realm of flower arranging. It is important to cut the stems on an angle and place into a vase of water to which flower food has been added.
The spiral technique is suitable for all round bouquet styles, as well as one sided or facing bouquets. Pick flowers, fashion them into a bouquet and tie them together. How simple can it get!

With the parallel technique (ill. 3) all stems are placed side by side, facing the same direction. This, of course, dictates the style of the bouquet (photo p.11). The parallel technique is more suitable for linear and parallel bouquet styles, e.g. tight bundles, alternative forms, as well as hand tied bridal bouquets. The advantage of the parallel technique is, that the stem bundles are thinner, and take up less room than the sheaf technique, therefore, this technique is quite useful for delicate hand tied bouquets, for narrow necked vases or as decorative bundles to be placed in vases. Small bundles can consist of a single variety or a combination of materials, such as *Rosa* or *Freesia* with *Asparagus* greens. Parallel bundles are tied in two places; the style can be one sided or all round (ill. 4 and photo p. 12).

Binding techniques are ideal for making all kinds of garlands, wreaths, branch armatures, binding, braiding and knot techniques (photos p. 28 and 29).

Picking Techniques

These are divided into dry and wet techniques. They are best known for making floral arrangements. Until about 1965, flowers were arranged in clay, *Sphagnum* moss or chicken wire. Clay is still being used, especially for Christmas designs and dried arrangements. Since the arrival of floral foam, most of the older techniques became obsolete. Sphagnum moss is still being used, but is protected and in danger of becoming extinct. Careful use is, therefore, advised. Floral foam for live flowers is made from a chemical compound and contains approximately 92% air and 8% solids. Only a small portion of this substance is harmful.

Steektechnieken

Deze worden verdeeld in natte en droge technieken. Ze zijn het meest bekend voor het maken van bloemwerk. Tot rond 1965 schikten we vooral in klei, veenmos *(Sphagnum)* of kippengaas. Klei wordt nog wel voor kerstwerk gebruikt en soms voor droogwerk. Sinds de komst van Oasis-steekschuim heeft dit de oude materialen grotendeels vervangen. Veenmos is beschermd, maar wordt nog wel veel geïmporteerd. Dit materiaal staat onder druk en onbeperkt gebruik is niet zeker niet gewenst. Steekschuim voor levende bloemen wordt gemaakt van een chemisch product en bestaat uit ca. 92 % lucht en ca. 8 % vaste stof, slechts een zeer klein deel hiervan is schadelijk. Na gebruik is het, als het wordt verbrokkeld, volledig composteerbaar. In die zin is de schade voor het milieu zeer beperkt. Steekschuim wordt in de toekomst van volledig milieuvriendelijke grondstoffen geproduceerd. Oasis produceert ook verteerbare ondergronden. Ook kunt u bloemen soms in schoon zand schikken. Ook bij droogbloemen is dit een goede basis, het moet in dat geval dan wel goed droog zijn.

Andere technieken

Gaas

Kippengaas is gegalvaniseerd metaaldraad dat tot een gaatjesstructuur is gevlochten en gedraaid. Het is er ook in een groene geplastificeerde vorm dat we ook wel volièregaas noemen. Dit laatste is veel soepeler in gebruik, maar wel duurder. Het is handig om steekschuim mee te verstevigen. Ook kan het gebruikt worden als basis (steunmiddel) in of buiten een vaas, bijvoorbeeld als kransvorm of decoratief. Gaas is vele malen te hergebruiken en daarom minder schadelijk voor het milieu. Bedenk wel dat metaaloxide nadelig is voor de bloemen, het gaat ook niet altijd goed samen met snijbloemenvoedsel. Voorkom ook krassen op zacht aardewerk of glas. Gaas is dus niet altijd toepasbaar. In de productiefase is het niet echt milieuvriendelijk (foto's p. 32 en 33).

4. Parallel binden van bundeltjes bloemen. Zet bundeltjes zo in een vaas of in een groepje vaasjes met elk een bundeltje. Laat ze elkaar eventueel kruisen.
a. Heel strak en decoratief in één bloemsoort. Maak een bindsel boven- en onderaan.
b. Een spontane losse vorm met sierlijk groen.

4. Parallel tying of small bundles of flowers. Place bundles simply in a vase or in a group of vases, each holding a bundle. Let them cross if you wish.
a. Stark and decorative in one variety. Tie stem above and below.
b. Spontaneous casual form with elegant greens.

After use, foam can be crumpled and put into the compost bin and poses no threat to the environment. Floral foam of the future will be produced with ecologically sound materials. Oasis also produces paper mache bases filled with foam, which are completely biodegradable.

Sometimes, you can arrange flowers in clean sand. This is a good medium, especially for dried flowers, but it should be thoroughly dry.

Other Techniques

Wire Netting

Chicken wire is made of galvanized metal wire, which has been braided and twisted to create openings. There is also a green plastic coated version, called aviary netting; copper and green painted netting is also available in some countries. It is much more pliable and softer, but more expensive. It is effective in strengthening and supporting floral foam. It can also be used as a base inside or outside a vase, shaped as a wreath or used in a decorative fashion. Wire netting is reusable many times over and thus environmentally friendly. One should realize, that the metal oxide is bad for the flowers and does not mix well with flower foods. Take care to prevent scratches on soft pottery or glassware. Wire netting is, therefore, not suitable for all occasions. The pro-

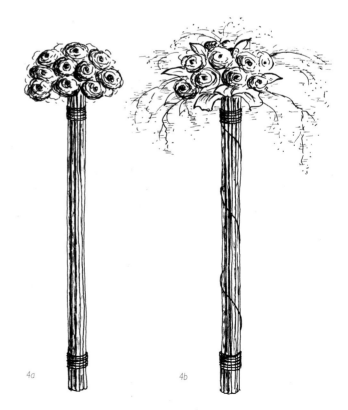

4a   4b

PARALLELVORM

In deze fraaie Mobach-bak is grootmazig bloemengaas bevestigd met vier stelen van de wilg. Het gaas is daardoor gefixeerd en kan dan hoog boven de bak worden uitgetrokken. Hierna laat u eenvoudigweg bloemen en blad tussen het gaas zakken tot ze in het water staan. U kunt de bloemen op verschillende hoogten of allemaal op dezelfde hoogte plaatsen. Zo kunt u een strak, decoratief of een meer natuurlijk effect laten ontstaan.
Verwerkt zijn: *Astilbe, Chrysanthemum, Rosa* en *Amaranthus*.

PARALLEL STYLE

The beautiful Mobach container plays host to a piece of large webbed chicken wire, fastened with four stems of willow. The wire is thus fixed in position and can be pulled up high above the container. It is now a simple matter to place flowers and foliage between the wire openings into the water. Flowers can be placed in various heights or all at the same level. Either way, you can opt for a stark or a more natural effect.
Used are: *Astilbe, Chrysanthemum, Rosa* and *Amaranthus*.

GAASKRANS

Een gaasvorm dient als basis voor deze speelse krans. Knip de vorm uit een stuk kippengaas en buig het rond. Leg de gaaskrans in een schaal en steek de bloemen door het gaas. Let er wel op dat alle stelen in het water komen.

Verwerkt zijn: *Amaranthus, Aster, Ageratum houstonianum, Alstroemeria, Callicarpa, Hydrangea, Panicum, Pittosporum nigra* en *Rosa* 'Noblesse'.

WIRE WREATH

A frame of chicken wire serves as a base for this spontaneous looking wreath. Cut a strip of chicken wire and shape it round, place the formed wreath in a bowl and put flowers through the wire openings. Make sure all stems are in water.

Used are: *Amaranthus, Aster, Ageratum houstonianum, Alstroemeria, Callicarpa, Hydrangea, Panicum, Pittosporum nigra* and *Rosa* 'Noblesse'.

Loodprikker, kenzan of fakirbed

Deze loden houders zijn bezet met koperen spijkertjes en dienen om bloemen op te prikken (ill. 5). Ze zijn in 1895 uitgevonden door Unshin Ohara, de oprichter van de Oharaschool of Ikebana in Japan. Het werd toen mogelijk in lage schalen en bakken bloemen te schikken. Lood is giftig materiaal, maar in deze kleine omvang is het niet erg schadelijk. De loodprikker is bij voorzichtig gebruik vele jaren te hergebruiken. Plaats een beschermend materiaal, zoals een plastic dop van een pindakaaspotje, in de schaal en plaats de prikker daarop, dit voorkomt aanslag op het aarde-werk of glas. U kunt ook een koperen pijpje nemen en daar de loodprikker inzetten. U heeft dan gelijk een decoratieve afwerking. Knip dikke stelen altijd enkele malen kruisend in voordat u deze op de prikker plaatst (foto's p. 35, 36 en 37).

Shippohouder

Een ander Japans hulpmiddel, de shippohouder, is ook interessant, maar moeilijker bruikbaar (ill. 6). Tussen open ruimten van deze loden houder kunnen bloemstelen worden geklemd. Het vastklemmen van de stelen kan desnoods gebeuren met kleine stukjes stengel. In combinatie met klem- en spantechnieken geven loodprikkers en de shippohouder interessante combinatiemogelijkheden, vooral in lage schalen en bakken. Omdat ze kostbaar zijn is hergebruik thuis de beste optie.

Ringhouder

Een goed en heel goedkoop alternatief is een ring te maken en daar takjes of holle stelen tussen te klemmen. U kunt dan tussen de takjes of in de holle stelen bloemen en blad plaatsen. Een ring maakt u van een oude plastic buis door deze in ringen te zagen van een paar cm tot ca. 10 cm hoog, al naar u nodig heeft. De plastic ring kunt u met oude restjes verf een eigen uitstraling geven. Ook schuren kan heel mooi

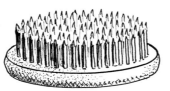

5. Kenzan of loodprikker: hier worden de stelen op spijkertjes gezet. Knip dikke takken kruiselings in voordat u ze op de spijkertjes plaatst.

5. Kenzan or lead pin holder: flowers are placed on the pins. Cut thick branches crosswise at the base before impaling on the pins.

6. Loden Japanse shippohouder waarin de stelen, eventueel met behulp van extra stukjes steel, worden vastgeklemd.

6. Lead Japanese Shippo holder, in which the flower stems are wedged, often with the help of other pieces of stems or twigs

duction process of wire netting is not environmentally friendly either (photos p. 32 and 33).

Lead Pin Holders, Kenzan or Fakirbed

The lead pin holder is covered with brass nails, which serve to anchor the flowers (ill. 5). It was developed in 1895 by Unshin Ohara, the founder of the Ohara school of Ikebana, Japan. With the introduction of the pin holder, it became thus possible to arrange flowers in low dishes and trays.

Lead is a poisonous material, but when used in small quantities it is not very harmful.

With careful use, the pin holder can last many years.

Place a protective material such as a plastic lid of a jar in the bottom of a bowl and place the pin holder on top. This will protect and prevent staining of pottery or glass. One can also use a small piece of copper pipe and fit the pin holder inside. The pipe conceals the mechanics. Cut thick branches crosswise at the base before placing it on a pin holder (photos p. 35, 36 and 37).

Shippo Holder

Another Japanese flower arranging aid is the Shippo holder; it is an interesting concept, but more difficult to use than the pin holder (ill. 6).

Flower stems are wedged between the open spaces of the lead holder. The wedging of stems can also be done with small pieces of stems or wood. The combination of wedge, clamp and bridge techniques gives lead pin holders and Shippo holders interesting possibilities, especially in low containers or trays. Due to their expense, reuse in the home is the best option.

Ring Holder

An excellent and inexpensive alternative is to make a ring in which branches or hollow stems can be wedged inside. You can then place flowers and foliage between the stems. A ring can be made from a piece of old plastic pipe, which can be cut in rings between 3 to 10 cm, depending on the length you need. The plastic ring can be painted to create a different effect. Sometimes, sanding can look very nice. One can also make a ring of metal such as copper.

NATUURLIJK VEGETATIEF

Een fijn gevoel brengt dit waterlandschapje, geschikt in een
ondiepe glazen schaal. Loodprikkers dienen als basis. Enkele
van de hier verwerkte materialen komen uit de eigen vijver
en zijn weliswaar beschermd, maar op die manier toch te
verwerken. De planten zijn via een kwekerij gewoon te
koop. Een houtstronk versterkt het natuurlijke karakter.
Grind en wat kroos dienen als finishing touch.
Verwerkt zijn: *Butomus umbellatus*, *Caltha palustris*, Iris-blad,
Nymphaea, *Menyanthes trifoliata*, *Mimilus luteus*, *Myosotis
palustris*, *Mentha aquatica*, *Typha miniata* en *Valeriana officinalis*.

VEGETATIVE - NATURALLY

Sensitive feelings inspired this water landscape, which is
arranged in a shallow glass dish.
Lead pin holders serve as a base. Some of these materials
are from my own pond and although protected, we are still
able to use them.
However, the plants can also be bought from a nursery. A
piece of driftwood emphasizes the naturalistic character of
the design. Gravel and duck weed provide the finishing
touch.
Used are: *Butomus umbellatus*, *Caltha palustris*, Iris leaf,
Nymphaea, *Menyanthes trifoliata*, *Mimilus luteus*, *Myosotis
palustris*, *Mentha aquatica*, *Typha miniata* and *Valeriana officinalis*.

LINEAIRE STIJL

In deze bijzonder elegante schaal van pottenbakkerij 'In kannen en kruiken', is een loodprikker geplaatst. In de schaal ligt nog een extra aardewerk ring, hierdoor ontstaat de aparte vormgeving. Als eerste wordt de fraaie tak van de kronkelhazelaar in positie gebracht. Knip de houtige steel enkele malen kruiselings in anders beschadigt u de prikker. De overige materialen worden vervolgens in een ruimtelijke lineaire vormgeving in positie gebracht. Onderin werkt u het geheel af met wat *Skimmia*-takjes en wat stenen.

Verwerkt zijn: *Anthurium, Asparagus densiflorus* 'Meyers', *Corylus avellana* 'Contorta' en *Skimmia*.

LINEAR STYLE

This particularly elegant bowl from the potters 'In Kannen en Kruiken' holds a lead pin holder. An extra ceramic ring fits inside the bowl, giving the whole a unique appearance. A branch of cork screw hazel is first placed in position. To prevent damage, cut woody stems crosswise several times before impaling them on the pin holder. The other materials are placed in a spacious and linear manner. *Skimmia* and rocks complete the design.

Used are: *Anthurium, Asparagus densiflorus* 'Meyers', *Corylus avellana* 'Contorta' and *Skimmia*.

TULPENFEEST

In de mooie Ravelli-vaas is een grote loodprikker gezet.
Hierop zijn 20 tulpen een voor een vastgezet. In het
open deel van de vaas zijn ongeveer 30 *Galax*-blaadjes
rechtop neergezet.
Verwerkt zijn: *Tulipa* 'Rococo' en *Galax urceolata*.

TULIP FEST

A beautiful Ravelli vase holds a large lead pin holder.
Twenty tulips are impaled into the holder, one at a time.
The open part of the container features approximately 30
Galax leaves, placed in an upright position.
Used are: *Tulipa* 'Rococo' and *Galax urceolata*.

zijn. U kunt natuurlijk ook een ring maken van metaal zoals koper. Een mogelijkheid is ook nog om de ring met een bindtouw te bedekken zodat het lijkt alsof de bundel is bijeengebonden (ill. 7).

Rooster met gaatjes

Een rooster met gaatjes (ill. 8 en 9) kunt u op of in de schaal of pot leggen of klemmen. De bloemen kunt u door de gaatjes steken voor steun. 1500 jaar geleden werden deze houders al gebruikt door de Chinezen, er is zeker een nieuwe toekomst voor indien pottenbakkers hierop inspelen (foto's p. 40, 41 en 118). Als een alternatief voor het aardewerk rooster kunt u ook aardewerk schalen en potten kopen met gaatjes bovenin. Hierdoor kunt u stokjes of takjes steken die als steunvorm helpen de bloemen op de plaats te houden. Daarnaast hebben de schalen een decoratief en vormgevend effect.

7. Een kunststof of metalen ring die als basis dient voor een bundel stelen. U kunt hiermee in een lage schaal aparte vrijstaande composities maken.

7. A synthetic or metal ring, which serves as a base for a bundle of stems. These can be used in a low tray/dish to create a unique and free standing composition.

Another possibility is to cover the ring with cording; this will give the impression that the bundle is tied (ill. 7).

Grid with Openings

A grid (ill. 8 and 9) can be put inside or placed on top of a vase. The flowers are supported when placed through the openings. The Chinese used these methods 1500 years ago, and there seems to be a renewed interest in these today, as more potters are discovering (photos p. 40, 41 and 118). As an alternative to the ceramic grid, there are now pottery containers available with openings on top. Sticks or branches can be placed through these holes to give support to the flowers; furthermore, they are decorative by themselves.

8. Pot of vaas met een gaatjesdeksel of een rooster om bloemen in te steken.

8. A pot or vase, featuring a lid with holes or a grid to put flowers through.

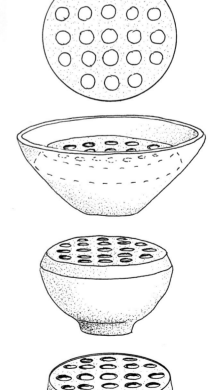

TIP

Een rooster vlechten van pitriet, ranken of blad kan ook erg leuk zijn (foto p. 42).

TIP

Roosters zijn er van aardewerk en metaal. U kunt ze van metaal of hout ook gemakkelijk zelf maken. U kunt ook een rooster maken door takken kruiselings op elkaar te binden (foto p. 44).

TIP

U kunt zelf een rooster maken door in een plaatje metaal, multiplex of board gaatjes te boren.

TIP

Een metalen rooster kunt u op of in een vaas leggen of klemmen.

TIP

Een vrij gevormd rooster van willekeurige takken die u over een schaal legt en bevestigt, werkt heel creatief als een rooster (foto p. 45).

TIP

Een metalen ring (of een ring van gebonden takken) kunt u met draad, touw of koord in verschillende richtingen bespannen. Leg deze ring op of in een schaalrand en steek de bloemen tussen de openingen door.

TIP

U kunt ook voorzichtig gaatjes boren in een stevige aardewerk vaas of pot en daar stokjes doorsteken die als rooster dienen (ill. 10).

TIP

Door de gaatjes in een vaas of pot kunt u ook direct bloemen, takken en blad steken (foto p. 43).

9. Een deksel of rooster welke over een vaas wordt geplaatst. Door de gaatjes kunnen bloemen worden gestoken.

TIP

A grid made with braided spliced bamboo, vines or foliage can be very effective (photo p. 42).

TIP

Grids are normally made of ceramic or metal or can be self made with metal or plywood. Another option is to tie branches in a crosswise manner (photo p. 44).

TIP

One can make a grid by drilling holes in a piece of metal, wood or plastic.

TIP

A metal grid can be wedged inside the vase or laid on top.

TIP

A freely designed grid of random branches tied together and laid on top of a container works creatively as a grid (photo p. 45).

TIP

A metal ring (or a ring shaped with branch material) may be laid in or on the edge of a container. Flowers can thus be placed through the openings.

TIP

One can also drill holes close to the rim of a sturdy ceramic vase; put twigs through the holes to create a grid (ill. 10).

TIP

Flowers and foliage can also be put through the holes of the vase or pot (photo p. 43).

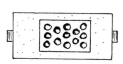

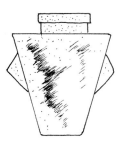

9. A lid or grid, which is placed over the vase; flowers can then be placed through the holes.

DECORATIEF SYMMETRISCH SPEL

Eenvoud met kracht in een fraaie Mobach-vaas. Deze is van boven dicht met uitzondering van vier vlindervormige gaten (u kunt die niet meer zien). Hier doorheen zijn de bloemen en het blad gestoken, daarbij rekening houdend met de vorm van de vaas.

Verwerkt zijn: *Galax urceolata, Hydrangea macrophylla, Leucospermun nutans* en *Ophiopogon.*

ASYMMETRICAL, DECORATIVE PLAY

Simplicity and strength are the qualities of this design, placed in a beautiful Mobach vase. The vase is closed at the top, with the exception of four butterfly shaped openings, which is in harmony with the shape of the vase.

Flowers and foliage have been placed through the concealed openings.

Used are: *Galax urceolata, Hydrangea macrophylla, Leucospermum nutans* and *Ophiopogon.*

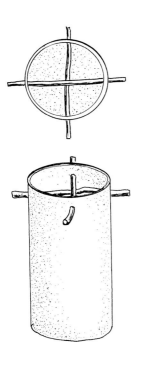

10a

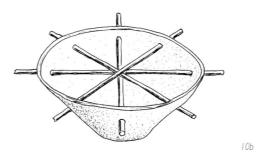

10b

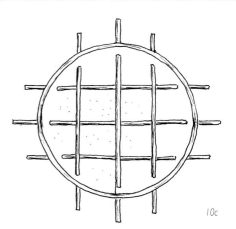

10c

10. Twigs can be put through the holes of the pot or vase and thus create a grid. There are various possibilities for grids; drill holes in a variety of materials guided by your own ideas.

10. Door gaatjes in de pot of vaas, kunt u takjes steken en zo een raamwerkje maken. Er zijn verschillende mogelijkheden voor raamwerkjes, boor gaatjes naar uw eigen idee.

MASSA EN LIJN

In deze rustig vormgegeven zachtblauwe Mobach-vaas is
een rooster geplaatst met daarin een aantal gaten.
Hierdoor zijn de bloemen en het blad gestoken. Door
het materiaal in groepen te formeren ontstaat rust in de
compositie. De massa van de vaas en die van de bloemen en het blad staan in contrast met de subtiele lijnen
van de grasstengels. Als extra kleurelement zijn twee rode
blokjes onder de vaas gelegd.
Verwerkt zijn: *Anthurium, Ageratum houstonianum, Galax
urceolata* en *Ophiopogon.*

MASS AND LINE

A grid is placed inside the beautifully shaped, soft blue
Mobach vase. Flowers and foliage are put through the
openings. The grouping of the materials create resting
points in the composition. The sheer mass of the vase, as
well as the flowers and leaves, contrasts beautifully with
the subtle lines of the grassy foliage.
Two red blocks have been placed under the vase to create an extra dimension in colour.
Used are: *Anthurium, Ageratum houstonianum, Galax urceolata* and *Ophiopogon.*

EENVOUDIG ROOSTERWERK

U maakt een rooster van takken of langwerpig blad of u
neemt een kant-en-klaar roostertje zoals hier van bam-
boevlechtsel. Dit legt u op een schaal, bak of vaas en vervolgens steekt u de bloemstelen erdoor tot in het water.
De vormgeving is hier laag en compact, maar u kunt ook
heel ruimtelijk en speels werken.
Verwerkt zijn: *Helianthus annuus* en *Pittosporum*.

SIMPLE GRID PATTERN

You can make a grid of branches or narrow leaves, or you
can get ready made grids, such as the bamboo woven one
used here. Lay this on top of a bowl, vase or trough and
place flowers through the opening till they are in water.
The design is low and compact, but you can also use it to
create a spacious and/or playful effect.
Used are: *Helianthus annuus* and *Pittosporum*.

OPEN CONSTRUCTIE

U ziet dat als we een vaas of pot nemen met een aantal
gaten in de zijkant, u op een heel eenvoudige manier een
geheel eigentijdse vormgeving kunt laten ontstaan. Hier
zijn de bloemen gewoon van de zijkant door de gaten in
de vaas gestoken. Als decoratie is onder de vaas een blad-
rozet gelegd. U kunt zelf gaatjes in aardewerk boren,
maar het is handiger een pottenbakker te vragen enkele
vazen voor u te maken. Een vaas met gaten biedt einde-
loze mogelijkheden voor creatieve variaties.
Verwerkt zijn: *Galax urceolata* en *Nerine*.

OPEN CONSTRUCTION

It is very simple to create a contemporary arrangement
when using this type of vase, which features openings in
the sides of the container. Flowers are, simply, put through
the holes. To create a decorative effect, the vase has been
placed on top of a rosette of foliage. It is, of course, possible to drill holes in a ceramic vase, but it is much easier to
ask the potter to make several vases. A vase with openings
provides endless possibilities for creative expression.
Used are: *Galax urceolata* and *Nerine*.

REKWERKJE

De basis voor dit arrangement is het rechtoekige rekje dat is gebonden van de stelen van *Fallopia japonica*. De bloemen en takken zijn daar eenvoudigweg tussendoor gestoken.

Verwerkt zijn: *Acer pseudoacacia*-blad, *Cotoneaster horizontalis*, *Xanthorrhoea preissii*, *Physalis alkekengii* var. *Franchetii* en *Quercus*-blad.

GRID

The basis for this arrangement is a rectangular frame work made from the stems of *Fallopia japonica*. The stems are tied together, while flowers and branches are simply placed in between.

Used are: *Acer pseudoacacia*-leaf, *Cotoneaster horizontalis*, *Xanthorrhoea preissii*, *Physalis alkekengii* var. *Franchetii* and *Quercus*-leaf.

SPONTAAN

Erg leuk is het om enkele grillige takken zo samen te binden dat ze een spontaan rekwerk vormen over een
schaal. U kunt de bloemen daarna gemakkelijk tussen de
takken steken en zo een spontane of gegroepeerde
vormgeving laten ontstaan.
Verwerkt zijn: *Dahlia* 'Vrouwe Jacoba', *Crocosmia,
Helenium, Hypericum, Hydrangea petiolaris, Panicum* en
Vinca major.

SPONTANEOUS

It is great fun to tie several quirky branches together to
form a spontaneous support system draped over a bowl.
It is now a simple matter to put flowers and branches
either in a spontaneous movement or a grouped design.
Used are: *Dahlia* 'Vrouwe Jacoba', *Crocosmia, Helenium,
Hypericum, Hydrangea petiolaris, Panicum* and *Vinca major.*

Steuntechnieken

Stopgroen

Een heel oude steuntechniek is het gebruik van stopgroen. Takjes van conifeer worden hierbij gebogen of ondersteboven in een vaas geplaatst. Hiertussen kunnen de bloemen worden gestoken. Het nadeel van deze techniek is de bacteriewerking die schade geeft aan de bloemen en de houdbaarheid van de bloemen sterk verkort (ill. 11).

Stengelstukjes

Het in de vaas rechtop plaatsen van stengelstukjes (ill. 12), twijgen, bamboestelen of bundels recht stro is een bruikbaar alternatief om bloemen tussen te steken. Gebruik materiaal dat zo schoon mogelijk is en geen aanleiding geeft tot bacteriewerking. Haal ook de zijtakjes eraf omdat anders het tussensteken van bloemstelen wordt bemoeilijkt (foto p. 47). Als u een bijeengebonden bundel holle stelen in een schaal of vaas plaatst, dan kunt u in of tussen de (holle) stelen bloemen steken. Dit geeft niet alleen een decoratief effect, maar het leidt ook tot een alternatieve en opvallende vormgeving (ill. 13 en foto p. 48).

Een erg leuke vormgeving geeft het binden van stengelstukjes tot een lange ketting. U drapeert deze in een schaal en steekt er de bloemen losjes tussen (ill. 14 en foto's p. 49 a, b en c).

Heel bijzonder is het om een stevige losstaande bundel van takken in een schaal te plaatsen en er bloemen tussendoor te steken (foto p. 51).

Op een heel lage schaal kunt u in een bundel holle stelen glazen buisjes plaatsen met water zodat de bloemen gemakkelijk mooi blijven.

11. Stopgroen met hulptakjes tegen het naar beneden zakken.

11. Filler greens with supporting twigs to prevent greens from slipping.

Support Techniques

Filler Greens

A very old supporting technique is the use of filler greens. Branches of conifers are bent and put upside down into a vase. Flowers can now be placed between the greens. The downside of this technique is the fermentation of the greens and the consequent formation of bacteria in the vase, thus shortening the life span of flowers dramatically (ill. 11).

Stem Fillers

The straight up and down placement of twigs, bamboo stems or bunches of straw stems is a useful alternative to arrange flowers. Use clean material to limit bacterial action and remove side branches to facilitate easy positioning of flowers (photo p. 47). When you tie a bundle of hollow stemmed material in a bowl or vase, you will be able to put flowers between or in the hollow stems. This method does not only give a decorative effect, but also leads to an alternative and eye catching design (ill. 13 and photo p. 48). Tying small pieces of stems into a chain can make a pretty design. Drape these into a vase and place flowers casually between them (ill. 14 and photos p. 49 a, b and c). A very unique composition can be made by placing a sturdy free

12. A vase filled with twigs as a means of support.

12. Een vaas gevuld met stokjes als steunmiddel.

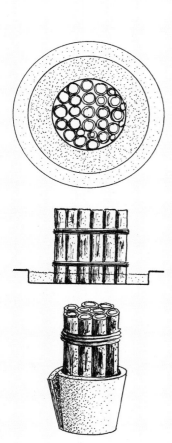

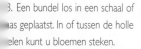

3. Een bundel los in een schaal of
~~~as geplaatst. In of tussen de holle
~~len kunt u bloemen steken.

3. A bundle loosely placed in dish
~~~ vase. Flowers can be placed in or
~~tween the hollow stems.

PARALLEL ALTERNATIEF

In een flinke cilindervormige glazen vaas zijn holle bamboestengels geplaatst, net zoveel totdat de vaas vol staat. In de holle bamboestengels en in de holle ruimtes ertussen is eerst water gedaan en daarna zijn de *Zantedeschia*'s in de bamboestengels gestoken en ertussen als contrast witte *Ammi* en blad.

Verwerkt zijn: *Zantedeschia, Ammi majus* en *Philodendron* 'Xanadu'.

ALTERNATIVE PARALLEL

A large glass cylinder shaped vase holds enough bamboo stems to fill the vase comfortably. Water is put in the hollow stems as well as the space beside.

Calla lilies are placed into the bamboo stems, while lace flowers and foliage provide contrast.

Used are: *Zantedeschia, Ammi majus* and *Philodendron* 'Xanadu'.

VRIJSTAANDE BUNDEL

Een bundel holle stelen van de fraaie *Fallopia japonica* vormt hier het vrijstaande centrum van de schikking. Tussen de stelen zijn het blad, de takken en de enkele lelie gestoken. Een geheel eigen vormgeving is het resultaat. (U kunt ook glasbuisjes met water in de holle stelen plaatsen.) Verwerkt zijn: *Aspidistra elatior, Baxteria australis, Lilium* 'Monte Negro', *Fallopia japonica* en *Salix babylonica* 'Tortuosa'.

FREE STANDING BUNDLE

A bundle of hollow stems of the beautiful *Fallopia* plant form a free standing structure.

Twigs, a single Lily and a leaf are placed between the stems, creating a unique composition. (You can also use glass tubes in the hollow stems.)

Used are: *Aspidistra elatior, Baxteria australis, Lilium* 'Monte Negro', *Fallopia* and *Salix babylonica* 'Tortuosa'.

Een aparte vormgeving is bereikt in dit arrangement doordat een bindsel van takjes de basis vormt voor de schikking.
Voor een schaal zijn ca. 100 tot 150 stukjes steel van ca. 15
cm nodig. Tussen de takjes zijn simpelweg de
bloemen/appels en het blad gestoken/gelegd. In plaats van
een bindsel van takjes kunt u ook alle takjes los in de schaal
plaatsen.

- ■ a. Verwerkt zijn: *Cornus alba* 'Sibirica' en appels.
- ■ b. Verwerkt zijn: *Cornus alba* 'Sibirica', *Leucospermum*,
  Euphorbia fulgens, *Echinacea purpurea* en *Xanthorrhoea*
  preissii.
- ■ c. Verwerkt zijn: *Catalpa*, *Calendula*, *Hedera* en *Viburnum*
  tinus.

A binding of twigs forms the basis for this unique arrangement. Approximately 100-150 pieces of stem of approximately 15 cm in length have been used.
The flowers/apples and foliage are simply placed between
the twigs.
Instead of binding the twigs, you can also place the twigs
separately in the dish.
Used are:

- ■ a. *Cornus alba* 'Sibirica' and apples.
- ■ b. *Cornus alba* 'Sibirica', *Leucospermum*, *Euphorbia ful-*
  gens, *Echinacea purpurea* and *Xanthorrhoea preissii*.
- ■ c. *Catalpa*, *Calendula*, *Hedera* and *Virburnum tinus*.

14. Take two rolls of spool wire or twine; tie the first twig in the centre, next, tie the second wire onto the twig. Twist the 2 wires a few times together. Lay the second twig down and turn the wire a complete turn around the second twig. Twist both wires or twine firmly together, so that the twig is anchored securely. Do this with at least 100 twigs, then lay and turn the twig chain in a dish.

14. Neem twee rolletjes binddraad of touw. Bind het eerste stokje in het midden vast. Bevestig de tweede draad ook aan het eerste stokje. Draai beide draden een paar maal in elkaar. Leg nu het tweede stokje neer en draai een draad een slag rond het tweede stokje. Draai nu beide draden stevig in elkaar zodat het stokje goed vast zit. Doe dit nu met minimaal 100 stokjes. Draai de ketting daarna in de schaal.

Gaas
In dit metaalvlechtsel kunnen we materiaal plaatsen, tussenklemmen of steun laten vinden. We kunnen er ook boeiende decoratieve patronen op steken of bloemen op het gaas laten hangen. U kunt een stukje gaas over de vaasrand bevestigen. Minder zichtbaar is het indien u gaas binnen de vaasrand aanbrengt, u heeft dan wel tijdelijk twee stokjes nodig om te voorkomen dat het gaas naar beneden zakt. Zigzag verticaal een stuk gaas in een hoge vaas zetten is soms ook functioneel. Als laatste kunt u wijdmazig gaas (bloemengaas) in en buiten de vaas aanbrengen. Het werkt dan zowel als steuntechniek als vormgevend. Gaas kunt u ook vormen tot een kransvorm, een hart, kruis of elke andere steunvorm. Gaas is alleen vanwege de mogelijkheden tot hergebruik milieuvriendelijk (ill. 15 en foto p. 55 en p. 56, zie ook foto p. 32 en p. 33).

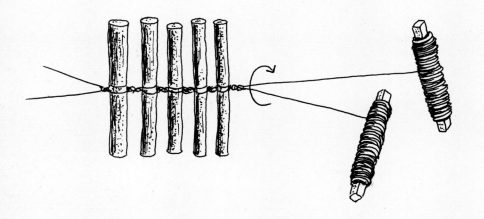

standing bundle of branches in a bowl with flowers placed between them (photo p. 51). A low container can also be used to hold a bundle of hollow stems into which water vials can be placed to keep flowers fresh.

Wire Netting
Chicken wire is a wire mesh, through which we can put and support flowers once it is wedged into a bowl. We can also use it to create fascinating decorative designs or use it to suspend flowers. You can fasten a piece of wire netting over the rim of a vase. However, it is less visible when the wire netting is placed inside the rim of the vase, but you need to use, temporarily, two sticks to prevent the wire from slipping down. Wire netting is quite functional when vertically shaped in a zigzag fashion and placed in a tall vase. Lastly, one can use large weave netting in and outside the vase. It can function as a support technique or design style.

Wire netting can be molded into a wreath, heart shape, cross or any other support form. It is because of the many possibilities for reuse, that wire netting is an environmentally friendly medium (ill. 15 and photos p. 55 and p. 56, see also photos p. 32 and p. 33).

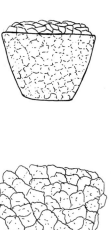

15a

15b

15. Technieken om gaas in of over een vaas te plaatsen.

a.
■ Gaas over de rand bevestigen.
■ Gaas binnen de rand bevestigen.
■ Stokjes tegen inzakken van het gaas tijdens het schikken.

b.
■ Gaas in de pot.
■ Grof gaas in en buiten de pot.

c.
■ Gaas in zigzag vorm.

15. Wire netting techniques

a.
■ Wire netting fastened over the edge.
■ Wire netting inside the rim.
■ Sticks to prevent wire netting from slipping during arranging.

b.
■ Wire netting inside the container.
■ Coarse wire netting in and outside the container.

c.
■ Wire netting in a zig zag shape.

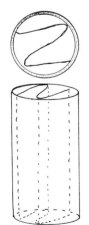

15c

TULPENBUNDEL

Kale takken van de kronkelwilg zijn stuk voor stuk aan elkaar gebonden. Aan enkele takken zijn nog wat sierlijke zijtakjes blijven zitten om een speels effect te creëren. Een vrijstaande stevige bundel is het resultaat. Hiertussen zijn ca. 20 lange Franse tulpen gestoken. Het kroos op het water geeft nog wat contrast en zorgt voor een speels element.
Verwerkt zijn: *Salix babylonica* 'Tortuosa' en *Tulipa*.

TULIP BUNDLE

Bare branches of the corkscrew willow are tied together piece by piece. Some branches feature side tendrils, creating a playful effect. The result: a sturdy free standing bundle.
Twenty tall French tulips have been used, while a little duck weed in the water provides a playful and contrasting element.
Used are: *Salix babylonica* 'Tortuosa' and *Tulipa*.

Takkenbindsels of frames

Steunvormen of een frame (ook constructie genoemd) maken van takken en stelen (ill. 16) is een uitstekende mogelijkheid voor steun aan de bloemen en geeft gelijk een creatieve mogelijkheid van ander bloemwerk wat vormgeving en uitstraling betreft. U kunt takken willekeurig aanbrengen of er een constructie of frame van samenstellen, bijvoorbeeld een gridvorm. U kunt bindsels of frames binnen de vaas of schaal aanbrengen als steunmiddel, maar u kunt het ook toepassen in combinatie als vormgevend element. Ook buiten de ondergrond aangebracht geven bindsels uitdagende schikmogelijkheden. Tot een aparte vormgeving leidt ook het binden van takken onder en boven een schaal, waarna er bloemen tussen kunnen worden gestoken of eraan vastgebonden. Bindsels of frames kunnen allerlei vormen aannemen afhankelijk van de eigen creativiteit.

Enkele suggesties die als basisvorm kunnen dienen en welke u gemakkelijk zelf met allerlei varianten kunt aanvullen:
- grillige asymmetrische vormen (foto p. 57);
- symmetrische vormen;
- binnen of buiten een pot (ill. 17 en 18);
- basisgeraamtes of frames, willekeurig, rond of een driehoek (ill. 19 en 20, foto p. 58);
- kransvorm op een lage schaal (foto p.59);
- staande vorm met een kransje (ill. 21 en 22, foto's p. 65 en p. 66);
- strakke constructies (ill. 23);
- boogvorm naar twee vazen (ill. 24);
- hekwerkjes of gridvormen (ill. 25, foto's p.67 en p. 68);
- waaiervormen (ill. 26);
- kooiconstructie (ill. 27 en foto p. 69).

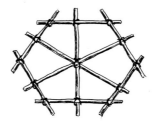
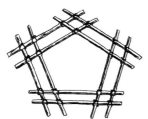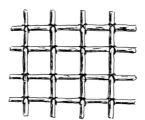

16. Voorbeelden van raamwerkjes (rasters of frames).

16. Examples of grids or frames.

Branch Structures or Frames

Support forms or frames, also called armatures, can be made of branches and stems (ill. 16), and is an excellent method to lend support to flowers. At the same time, it provides a creative possibility for a different design style as far as shape and appeal are concerned.

You can use branches randomly or fashion them into a specific construction, for example, a grid form. The binding or frame can be used inside the vase or bowl as a support, but also in combination as a design feature.

Outside the base, bindings provide challenging design opportunities. An unusual design can be created by binding branch material above and below the bowl through which flowers can be placed or tied. Bindings and frames can take on any form depending on one's creativity.

Listed below are several suggestions, which can serve as a base and can be expanded upon with a number of variations:
- whimsical asymmetrical forms (photo p. 57);
- symmetrical forms;
- inside or outside the containers (ill. 17 and 18);
- basic skeleton or frame, arbitrary, round or a triangle (ill. 19 and 20, photo p. 58);
- wreath form in a low tray (photo p. 59);
- elevated form with a wreath (ill. 21 and 22, photos p. 65, 66);
- vertical/linear constructions (ill. 23);
- arch between two vases (ill. 24);
- trellis grid forms (ill. 25, photos p. 67 and p. 68);
- fan shapes (ill. 26);
- cage construction (ill. 27 and photo p. 69).

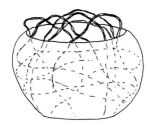

17. Takken of ranken in een vaas buigen.

17. Twigs or vines bent inside the vase.

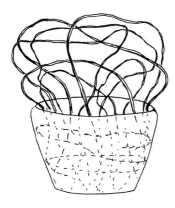

18. Ranken of takken binnen en buiten een vaas of pot. Eventueel op enkele punten samenbinden.

18. Vines or branches inside and outside a vase or pot, tie at special points, if necessary.

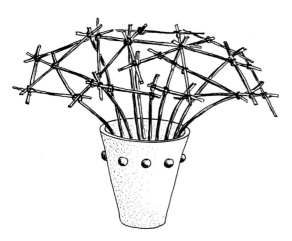

19. Een grote lichtgebogen constructie (frame) van takken.

19. A large, lightly bent frame of branches.

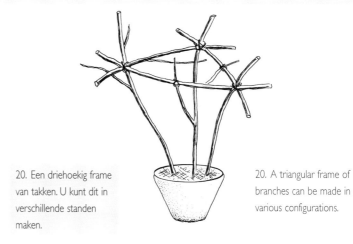

20. Een driehoekig frame van takken. U kunt dit in verschillende standen maken.

20. A triangular frame of branches can be made in various configurations.

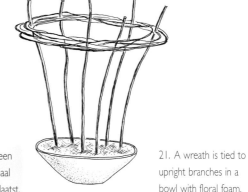

21. Een bindsel met een kransvorm in een schaal met steekschuim geplaatst.

21. A wreath is tied to upright branches in a bowl with floral foam.

22. Schuin opstaande takken en een kransvormig bindsel. Het kan los in de vaas worden ingeklemd. De kransvorm kan horizontaal of schuin staan.

22. Slanted branches support a wreath. It can be wedged inside the vase. The wreath can be placed horizontally or in a diagonal position.

23. Strakke constructies voor een moderne vormgeving.

23. Stark construction for a contemporary design.

24. Boogconstructie tussen twee vazen. Eventueel op enkele plaatsen bijeenbinden.

24. Arch construction between two vases, tied together if necessary.

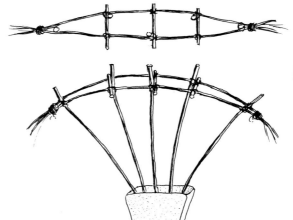

25. Een strak frame dat in licht gebogen vorm wordt geplaatst.

25. A stark frame bent lightly, attached to branch supports.

26. Een waaiervormig frame.

26. A fan shaped frame.

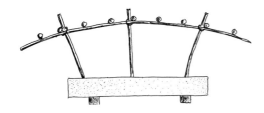

27. Een kooiconstructie van takken of ranken.

27. A cage construction of branches or vines.

GAASBAK

Een ijzeren bak vormt de basis voor dit arrangement. In de bak is kippengaas gelegd, met de randen omgebogen zodat het enkele cm hoger staat dan het water. De bloemen worden in het kippengaas gestoken met de stelen in het water en de kleine mandarijnen worden tussen de bloemen op het gaas gelegd, waardoor ze droog blijven. Samen vormen zij een contrastrijk geheel.

Verwerkt zijn: *Ageratum houstonianum, Cotinus, Eryngium alpinum, Gloriosa* 'Rothschildiana' en *Limonium sinuatum.*

WIRE TRAY

A metal tray forms the base for this arrangement. Chicken wire is laid inside the tray with the sides turned up several cm above the rim of the tray. Flowers are placed through the netting in the water, while small mandarin oranges are scattered between the flowers on top of the netting and thus remain dry. Together they form a contrasting composition.

Used are: *Ageratum houstonianum, Cotinus, Eryngium alpinum, Gloriosa* 'Rothschildiana' and *Limonium sinuatum.*

NERINEFEEST

Een klassiek ogend arrangement, maar in een aparte metalen vaas. De bloemen worden in de vaas gestoken nadat eerst de basis is gemaakt met *Asparagus*-groen. In de vaas is een stukje kippengaas aangebracht voor steun aan de bloemstelen.

Verwerkt zijn: *Nerine bowdenii* en *Asparagus setaceus*.

NERINE FEAST

A unique metal vase features a classic styled arrangement. *Asparagus* greens have been laced into the vase to form the base, followed by the Nerine. A small piece of chicken wire inside the vase supports the flower stems.

Used are: *Nerine bowdenii* and *Asparagus setaceus*.

GRILLIGE SPONTANITEIT

Deze opvallende rechthoekige Chinese vaas Sophia Lee uit Taiwan is voorzien van grillige ranken die als basis dienen voor steun. Daarna zijn de bloemen, die heel fraaie kromme vormen hadden, erin gestoken. Door het grillige spel is een aardig effect bereikt. Kromme bloemen worden niet verhandeld en dat is eigenlijk zonde. Juist de creatieve bloembinder zoekt hier naar, maar kan ze zelden vinden.

Verwerkt zijn: *Gerbera* en *Asparagus virgatus*.

WHIMSICAL SPONTANEITY

The eye catching rectangular Chinese vase from Sophia Lee of Taiwan sports a number of curly twigs, which serve to support the floral material. Flowers with interesting shapes and curves are positioned next; an exciting effect is created through the whimsical nature of the flowers. Bent or curved flowers are not readily available, which is unfortunate. The creative floral designer is always on the look out for these, but not always successful.

Used are: *Gerbera* and *Asparagus virgatus*.

GEZELLIGE MIX

Glas speelt altijd een geheel eigen rol in het bloemwerk.
Ook hier is dat het geval. In de kleurige schaal leggen we
een losliggend enigszins wild gevormd takkenbindsel.
Hiertussen worden de bloemen en het blad gestoken en
wel zó dat een gemengd spontaan geheel ontstaat. Zorg
ervoor dat alle stelen altijd in het water staan.
Verwerkt zijn: *Ammi majus, Alstroemeria, Asparagus setaceus, Brodiaea, Hypericum, Rosa, Skimmia, Salix babylonica
'Tortuosa' en Veronica.*

COSY MIX

Glass always plays a particular role in floral design and this
case is no exception. The colourful bowl features a bundle
of contorted branch material laid loosely in the bowl.
In between, flowers and foliage are placed in a casual man-
ner, resulting in a mixed and spontaneous design.
Make sure, that flower stems are in water at all times.
Used are: *Ammi majus, Alstroemeria, Asparagus setaceus,
Brodiaea, Hypericum, Rosa, Skimmia, Salix babylonica
'Tortuosa' and Veronica.*

ALTERNATIEVE KRANS

De basis van dit arrangement is een gevlochten kransvorm met een open structuur. Deze is op een lage schaal
gelegd. 50 Tulpen zijn kriskras tussen de kransvorm gestoken, daarmee een geheel eigen sfeerbeeld oproepend.
Verwerkt zijn: *Tulipa* 'Prominence'.

ALTERNATIVE WREATH

The base of this arrangement is a woven wreath form
with an open structure. This is laid on top of a low bowl.
50 Tulips have been arranged in a criss-cross fashion, resulting in a distinctive and unique design.
Used are: *Tulipa* 'Prominence'.

Vlecht-, knoop- en weeftechnieken

Zo rond 1980 zijn in Nederland de aloude vlechttechnieken zoals bij mattenvlechten gebruikt en evenzeer de weeftechnieken uit de mandenmakerij, het knopen van tapijten en het weven van kleden gaandeweg meer en meer in de belangstelling gekomen bij topbinders en bij de opleiding tot meesterbinder. Deze technieken bieden mogelijkheden tot vernieuwing in de bloemschiktechniek en ze kunnen leiden tot een alternatieve vormgeving van de schikking. Enkele voorbeelden zijn:

■ Matjesvlechttechnieken zoals de platbinding (ill. 28) zijn erg leuk toepasbaar. Maak eens een vlechtsel van blad of dunne takjes als basisvorm en gebruik dit om bloemen tussen te steken, eventueel maakt u met bindsels de delen aan elkaar vast voor meer stevigheid. Leuk in een drijfschaal of om op de rand of over een vaas te plaatsen. Het kan dienen als basis of als centraal vormgevend element (foto p. 72).

■ Verschillende knooptechnieken zijn interessant om blad of ranken in een compositie te knopen. Dit kan dienen als basis voor verdere verwerking in de schikking of het kan het centrale vormelement zijn (ill. 29).

■ Weven kan ook met levende materialen gebeuren indien een verdroogprincipe gewenst is. Wil men de materialen levend houden dan kunt u kleine waterbuisjes bevestigen. Weven met gedroogde materialen leidt tot blijvende composities.

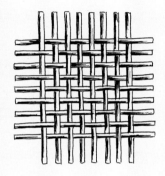

28. Een platbinding van blad of twijgen.

28. A flat binding of leaves or twigs.

Braiding, Knot and Weaving Techniques

Around 1980, ancient techniques, which were used in skilled trades such as rug braiding, basket weaving, carpet knotting and the weaving of fabrics, caught the interest of floral designers and master florists' training programs in the Netherlands. These techniques offered possibilities for renewal of existing floristry techniques and could provide opportunities for alternate design styles. Some examples:

■ Rug braiding/plaiting techniques such as flat binding (ill. 28) are fun to make and use. Try to make a braiding or plaiting of foliage and thin twigs for a base, and use this as a grid to put flowers through. Alternatively, you can tie the bindings together for greater strength. It is fun to use it floating in a bowl or to use it over the edge of a vase. It can serve as a base or form a focal point (photo p. 72).

■ Various knotting techniques are interesting when foliage and vines are knotted in a composition. This idea can serve as a base for further development in an arrangement or it can be the central design feature (ill. 29).

■ Weaving can be done with live materials and can be left to dry naturally. If you wish to keep materials alive, water vials should be used. Weaving with dried materials results in a lasting composition.

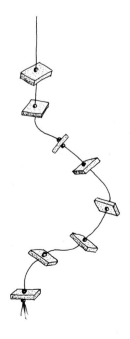

29. Knooptechniek.

29. Knotting technique.

Span- en klemtechnieken

Sinds 1980 zijn in Nederland de span- en klemtechnieken meer in de belangstelling gekomen. Met name bij alternatieve schikkingen en ontwikkelingen vanuit de vormleer kunnen span- en klemtechnieken heel bruikbaar zijn, dit zowel als techniek bij bevestiging alsook bij de vormgeving. In het kader van een thema-uitbeelding kunnen deze begrippen leiden tot originele constructies en tot bruikbaar (commercieel) bloemwerk.

De oorsprong van span- en klemtechnieken moeten we zoeken in Japan. De basis vinden we bij de kubari-technieken. Dit zijn methoden om door middel van het klemmen van en ondersteunen door houtjes, takken, bloemen en blad te fixeren in een vaas (ill. 30, 31 en 32). De Japanse bloemsierkunst maakt in sommige stijlen hiervan al eeuwenlang gebruik. Tot voor ca.1990 hadden Japanse Ikebana-bloemschikkers afschuw voor gebruik van steekschuim, dat in hun visie beperkingen oplegt aan open ruimte in de vaasopening en onnodig afwerken, dus massa veroorzaakt. Klem- en spantechnieken bieden de mogelijkheid tot een optimaal vormen- en lijnenspel. Veel kubari's zijn wigvormig, maar evenzovele zijn niet meer dan een simpel recht stokje of een groepje van deze stokjes.

Door gebruik van kubari's (klemhoutjes) blijft de vaasopening open, wat een spannende en ruimtelijke vormgeving enorm ten goede komt. De kubari mag niet te klein worden genomen omdat deze anders gemakkelijk losraakt en in de vaas naar beneden zakt waardoor alles uiteenvalt. De kubari moet stevig worden vastgeklemd, maar te veel spanning kan de vaas of schaal doen barsten. Om dit te voorkomen kunnen we bij breekbare vazen en bakken aan de uiteinden van de kubari de einden goed inknippen of dotjes doek aan de einden bevestigen. Bij kostbare en breekbare vazen gebruiken we het liefst de staande kubari. Vaak zijn combinaties van

30. Voorbeelden van kubari-technieken met klemhoutjes.

30. Examples of kubari techniques with wedged twigs.

Bridge and Clamp Techniques

Since 1980 bridge and clamp techniques became more interesting to floral designers in the Netherlands. Alternative arrangements and developments in design theories made bridge and clamp techniques very useful, not only as a fastening technique, but also through form development.

Within the framework of theme interpretations, concepts such as these could lead to original constructions and possibly be applied to commercial floristry. For origins of the tension/bridge and clamp techniques we have to look to Japan.

The basis for these is found in the kubari techniques. This method is used to secure flowers, foliage and branches in position by means of clamping and supporting with small pieces of wood in a vase (ill. 30, 31 and 32).

These techniques have been used in Japanese floral art for centuries. Up until 1990, the Japanese Ikebana flower arrangers would not think of using flower foam, because in their opinion floral foam fills the open space in the vase and covering the foam with greenery creates unnecessary volume.

Clamp and bridge techniques provide the possibility for an optimal style in form and line.

Many kubaries are Y shaped, but many are no more than a simple stick or group of small sticks. By using kubaries (wooden wedges) the vase opening is left exposed, thus allowing the development of line and space full reign. The kubari should not be cut too small, because it can loosen easily and falls to the bottom of the vase, thereby collapsing the arrangement.

The kubari should be firmly in place; however, too much pressure causes the base or bowl to crack. To prevent this, very thin glass or ceramics cut the ends of the kubari inwards or use small pieces of cloth at the ends. We prefer to use the standing kubari for valuable vases or easily breakable ones.

A combination of horizontal and vertical kubaries is the preferred, and original fastening and supporting technique. When we use a bowl, it is important to choose one which curves inward with straight sides or a ridge (ill. 33). Flared or cone shaped containers are not quite as suitable.

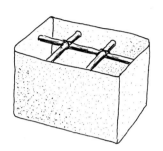
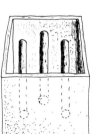
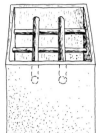

31. Voorbeelden van kruisende takjes als kubari ingeklemd en eventueel vastgebonden.

31. Examples of crossing twigs, wedged and tied, if necessary.

32. Drie ingeklemde takjes als basis om bloemen tussen te plaatsen.

32. Three wedged branches form a base to support flowers.

33. Als aardewerk een ribbel of rand heeft kunnen er gemakkelijk takken tussen worden geklemd. Doorsnede van schalen met randen. Een naar binnen gebogen rand van een bak of schaal is ook ideaal voor het inklemmen van takken.

33. Pottery with an incurved rim makes it easy to wedge twigs. Cross section of bowls with rims. An in-curved rim in a trough or dish is ideal to wedge branches.

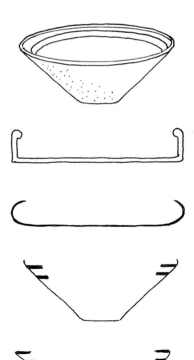

liggende en staande kubari's ideale en originele bevestigingstechnieken.

Bij toepassing in een schaal is het belangrijk is dat we een schaal kiezen met naar binnen overhellende randen, met rechte randen of een ribbel (ill. 33). Taps toelopende vormen zijn totaal ongeschikt.

Geschikt kubari-materiaal

Het beste kubari-hout is o.a. *Cornus alba*, *Salix* (wilg), *Sorbus* (lijsterbes), *Rhododendron*, *Mahonia*, verse bamboe, *Prunus* en dergelijke. Dus stug en buigzaam, maar niet te harde houtige stengels. De einden van de takken worden zo afgeknipt dat het snijvlak altijd plat tegen de vaaswand aanligt. Op de plaats waar twee takken elkaar kruisen, kunnen we desgewenst deze met een bindsel van raffia of touw aan elkaar binden, eventueel hollen we een van de stokjes op die plaats wat uit zodat een steviger raakvlak ontstaat. Ook bloesemtakken en dergelijke kunnen eventueel met een extra bindsel aan de kubari worden vastgemaakt; raffia, touw en dunne twijgjes van bijvoorbeeld wilg of brem zijn hiervoor goede materialen.

Kubari's en steuntechnieken kunnen ook zichtbaar zijn en een decoratieve functie in de schikking vervullen. Als constructies of frames welke vroeger meestal werden weggewerkt, zichtbaar zijn, worden ze een belangrijk vormgevend element. Dit geeft een geweldige vernieuwing aan de bloemsierkunst. In de moderne architectuur zien we al jaren een dergelijke ontwikkeling, ook daar zijn constructies, draagbalken, bogen, pilaren en dergelijke belangrijke vormelementen geworden. Er zijn verschillende principes die we kunnen toepassen. Takken kunnen vrij plat in de schaal of in een ruimtelijke vorm worden ingeklemd. We kunnen de ingeklemde takken ook gebruiken om bloemen of blad tussen te plaatsen. De volgende technieken kunnen worden onderscheiden:

De rechte techniek

Hierbij worden de hoofdtakken in een rechte lijn tussen de randen van de bak ingeklemd. Behalve in één richting kunnen we deze takken elkaar ook laten kruisen. We kunnen in en buiten de ondergrond vormen (ill. 34 en 35, foto's p. 75 en p. 76).

De gebogen techniek

De takken worden hierbij in een gebogen vorm ingeklemd. Van nature reeds gekromde takken geven hier het mooiste resultaat. We kunnen in rechte en in grillige lijnen buigen (ill. 36, 37 en 38).

De gedraaide techniek

Hierbij ligt de tak laag in de schaal en drukt zich door buiging vanzelf tegen de schaalrand aan. Delen van de tak mogen hierbij gerust elegant uit de schaal zwiepen. Het geeft een leuk en speels effect (ill. 39 en foto p. 77).

Suitable Kubari Material

The best wood for kubaries are the following *Cornus alba*, *Salix* (willow), *Sorbus* (mountain ash), *Rhodondendron*, *Mahonia*, fresh bamboo, *Prunus*, etc. These are tough and flexible; do not use hard and woody stems. The ends of the twigs are cut in such a way that the ends rest flat against the wall of the vase. When two twigs cross, we can tie them together with raffia or twine, or carve a piece out of the centre of the twig so it can rest firmly and securely on the other.

Blossom branches etc. maybe tied to the kubari once positioned inside the vase. Raffia, string, thin twigs of willow or broom are excellent materials to use.

Kubaries and support techniques can be left visible to provide a decorative function in the arrangement. In earlier days, constructions or frames were usually covered. By being exposed, they form an important design element. This, in itself, provides an enormous stimulus in rejuvenating floral art.

Modern architecture has, for years, gone through a similar development. At present, constructions, support beams, arches, pillars, etc. make a strong design statement. There are various principles we can apply. Branches can be laid flat in a bowl or wedged in a casual manner. We can use the wedged branches as a means to support flowers and foliage between the openings.

We can distinguish the following techniques:

The Straight Linear Technique

This technique wedges the main branches in a straight line between the edges of a tray. Instead of laying them in one direction, branches can also be crossed or used in or outside the base/tray (ill. 34 and 35, photos p. 75 and p. 76).

The Bent Technique

Branches are bent and wedged inside the container. Naturally bent branches give the best effect. We can bend the twigs in straight or curved lines (ill. 36, 37 and 38).

The Twisted Technique

In this technique the branch is positioned low into the bowl and shapes itself against the edge of the bowl. Some parts may escape outside the bowl, giving the design an elegant, and playful effect (ill. 39 and photo p. 77).

The Combination Technique

In this technique we combine our general knowledge of the bent and clamp technique to come to an exciting arrangement. After the twigs are wedged in position, one or more beautiful branches or flowers can then be placed (photo p. 78).

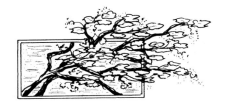

34. Rechte spantechniek, diagonaal.

34. Straight or diagonal tension technique.

35. Rechte spantechniek, inklemmen tussen twee of drie stokjes.

35. Straight tension technique, wedging between two or three twigs.

36. Gebogen spantechniek als brug in een rechte bak.

36. Arched tension technique forms a bridge in a rectangular tray.

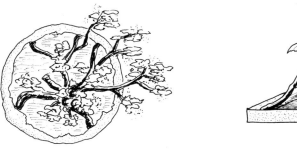

37. Gebogen spantechniek in grillige vorm, in een ronde schaal.

37. Arched tension technique in a contorted form placed in a round dish.

38. Gebogen spantechniek met steun vanuit de hoeken van de bak.

38. Arched tension technique, supported from the corners of the tray.

39. Gedraaide spantechniek.

39. Curved tension technique.

De combinatietechniek

Als combinatietechniek kunnen we onze algemene kennis van de klemtechnieken gebruiken om tot een boeiend arrangement te komen. Nadat de takken zijn ingeklemd, steken we hiertussen een of meer mooie takken en/of bloemen (foto p. 78).

Opmerking. Bij alle technieken kunnen we, als takken de hoofdvorm van de schikking aangeven, daarbij ook losse bloemen en blad bijsteken, eventueel in combinatie met een loodprikker of shippohouder of door de bloemen in kleine waterbuisjes te steken en ze er los tussen te leggen. Materiaal kan desgewenst ook met bindsels aan elkaar worden bevestigd, gebruik uw eigen creativiteit om tot leuke oplossingen te komen.

Note. We can, in all techniques, use branches as the main feature of a design, and if desired, include cut flowers or foliage, possibly in combination with a lead pin holder or Shippo holder. Flowers in water vials can be used and placed casually in between. Materials, if desired, can be tied together with bindings; use your own creativity to come to a nice conclusion.

STATIGE BUNDEL

Met een frame of constructie zijn heel leuke effecten te maken. Hier zijn enkele takken schuin omhoog gezet en daarna is bovenaan een los gebonden kransvorm en een decoratief vlechtsel van een siergras bevestigd. Hiertussen worden de bloemen en het groen gestoken. Het geheel staat los in de vaas, zij het dat het frame met enkele takken kan worden klemgezet. Rond de vaas worden nog wat mandarijnen gelegd voor een decoratief effect.
Verwerkt zijn: *Alstroemeria, Asparagus setaceus, Gerbera, Rosa, Salix babylonica* 'Tortuosa', *Ficinea fascicularis* en *Gleichenia polypodioides.*

STATELY BUNDLE

A frame or construction can produce interesting effects. Several twigs are inserted on an angle, to which a casually tied wreath of ornamental grasses has been fastened. The flowers and greens are placed in between.
The whole is positioned loosely in a vase, while the frame, if desired, can be wedged in with a few twigs. Mandarin oranges create a decorative effect around the vase.
Used are: *Alstroemeria, Asparagus setaceus, Gerbera, Rosa, Salix babylonica* 'Tortuosa', *Ficinea fascicularis* and *Gleichenia polypodioides.*

SCHUIN GEVORMD

De schuine opstelling van het frame leidt in dit arrangement tot een meer dynamische vormgeving, wat wel zo
aardig is. Ook het kleurcontrast speelt een grote rol in de
uitstraling van het geheel.
Verwerkt zijn: *Craspedia globosa, Kniphofia, Lysimachia vulgaris, Phlox, Podocarpus drougnianus* (Emu grass) en *Lilium.*

ON A SLANT

The oblique position of the frame gives this design a dyna-
mic and appealing character. Even the colour contrast plays
a large role and contributes to the vibrancy of the whole.
Used are: *Craspedia globosa, Kniphofia, Lysimachia vulgaris,
Phlox, Lilium* and *Podocarpus drougnianus* (Emu grass).

TERE TINTEN

In de schaal met gaatjes zijn takjes gestoken en daaraan is
vervolgens een opstaand rekwerkje bevestigd. De bloemen
steekt u losjes tussen dit frame in een speelse tere combinatie.

Verwerkt zijn: *Euonymus alatus, Ammi majus,*
Chrysanthemum, Gerbera, Rosa, Trachelium, Solidago en
Veronica.

DELICATE TINTS

Twigs are placed through the holes in the container to
which branches have been tied, resulting in an upright framework. Delicate pastel coloured flowers are casually
arranged through the openings of the frame.

Used are: *Euonymus alatus, Ammi majus, Chrysanthemum,*
Gerbera, Rosa, Trachelium, Solidago and *Veronica.*

HEKWERKJE

Het hekwerkje is hier gemaakt van de fraaie takken van de kardinaalshoed. De losstaande constructie is volgezet met een fraaie ton sur ton-combinatie.

Verwerkt zijn: *Anemone, Hyacinthus* en *Euonymus alatus*.

FENCE WORKS

A small fence armature is made from the characteristic branches of the *Euonymus alatus*. The freestanding construction is filled with a beautiful tone on tone combination.

Used are: *Anemone, Hyacinthus* and *Euonymus alatus*.

EEN KOOI VOL BLOEMEN

De kooiconstructie, denk hierbij aan de kooi van een kana-
rie of parkiet, is gemaakt van bamboestroken en is hier
geplaatst op een Ecri-schaal. In plaats van bamboe kunt ook
een ander natuurlijk materiaal nemen voor de kooivorm.
Hierna steekt u de bloemen en het blad in de kooiconstructie. Zorg ervoor dat alle stelen in het water komen te
staan.
Verwerkt zijn: *Baxteria australis, Galax urceolata, Polyanthes
tuberosa* en *Salix babylonica* 'Tortuosa'.

A CAGE FILLED WITH FLOWERS

When making a cage construction, one should think in
terms of a canary or budgie cage. This one is made from
split bamboo and placed on an Ecri-dish. Of course, any
other container will do as well.
Instead of bamboo, you can select any other natural material to make a cage, which can be placed on top or over
the dish. Then place the flowers and foliage in the cage
construction. Be sure the stems are in water at all times.
Used are: *Baxteria australis, Galax urceolata, Polyanthes tuberosa* and *Salix babylonica* 'Tortuosa'.

Vrijstaande composities

Een aantrekkelijke compositie kunnen we creëren door takken los in een schaal, bak of pot te zetten. We kunnen ze eventueel op enkele punten aan elkaar binden.
Bloemen kunnen los tussen de takken worden geplaatst. Een aardig decoratief effect is het de bloemstelen in bundeltjes te binden. U kunt ook een handgebonden boeket maken en daarbij de stelen zo plaatsen, dat het boeket zelfstandig blijft staan. Zeker in een lage schaal geeft dit een leuk effect. De stabiliteit laat vaak wel te wensen over, maar met wat geduld bereikt u een fraai resultaat, een echte uitdaging! (foto's p. 79 en 80, en foto's p. 5 en 6)

TIP

Let erop dat bij vrijstaande boeketten de bloemstelen niet recht, maar een beetje schuin worden afgesneden of geknipt. Rechte stelen kunnen plat op de schaalbodem komen te staan en daardoor soms minder goed water opnemen.

Takken buigen

Belangrijk is ook het in goede positie brengen en buigen van het materiaal en wel zonder gebruikmaking van ijzerdraad. Als we met de duimen in de lengterichting van de tak of een blad wrijven, dan kunnen we vrij gemakkelijk al een behoorlijke buiging bereiken. Bij hele dikke takken en bij stugge takken maken we eventueel een paar V-vormige inkepingen waarin we een kleine wig plaatsen, een zeer moeilijke, maar spannende techniek. Soms kunt u de wig bevestigen met een touwbinding. Het is ook al voldoende de tak met kleine knikjes te buigen onder het gelijktijdig voorzichtig in de lengterichting draaien (zoals u een natte doek uitwringt) van de tak. Hierbij moeten de handen wel stijf tegen elkaar zijn aangesloten anders breekt de tak.

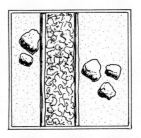

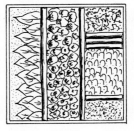

40. Inlegtechnieken kunnen strak of natuurlijk zijn, of een combinatie ervan.

40. Pave technique can be linear, natural or a combination thereof.

Free Standing Compositions

We are able to create an attractive composition by just placing branches in a low bowl, tray or pot. They can be tied at several points, if desired.
Flowers can also be placed loosely between the branches. Flowers tied in little bunches will give a very decorative effect. You can also make a hand tied bouquet and tie the stems in such a way that it can stand by itself; placed in a low bowl it will be most attractive. It is not always the most stable method, but with patience you are bound to get good results. A real challenge indeed! (photo's p. 79 and 80, and photo's p. 5 and 6).

TIP

It is advisable to cut the stems of a freestanding bouquet on an angle to facilitate water up take, if not, stems may seal to the bottom of the bowl.

Bending Branch Material

It is important to be able to shape the branches in the right position without the use of wire. If we use our thumbs and rub it lengthwise along the stem of a branch or leaf, it is possible to achieve a fine curve. In thick branches we can cut a few notches in the stem and place little wedges in the space to maintain the curve. Indeed a difficult and challenging technique. Sometimes you can fasten the wedge with a piece of twine.

It is also possible to bend the branch with little kinks while simultaneously twisting the branch lengthwise (similar to wringing a wet towel). Your hands should be close together to avoid breaking the branch.

Floating or Positioning Techniques

The technique to simply float flowers and foliage in a beautiful low dish is an age old custom, but, unfortunately, little used today. It is not only fun to do, but inexpensive and provides an opportunity to always have a little bit of nature on the table. Combinations with interesting rocks, a piece of driftwood, shells, etc. create beautiful floating landscapes (photo p. 81 up).
Also the positioning technique (ill. 40) shows a collection of gathered, dried materials arranged in a dish or bowl to be most interesting.
Every season has its own charm and provides wonderful materials close at hand.
Especially, autumn is rich in beautifully coloured foliage, berries and seed heads (photo p. 81 under).
Materials such as stones, sand, stems, branch flowers and leaves can be arranged in a decorative fashion using this technique. Wedging the materials under the rim of a bowl is often very helpful. Positioning or paveing can also be accomplished by making a natural and decorative landscape of rock, sand, earth, small

Drijf- en inlegtechnieken

De techniek van het simpelweg bloemen en blad op water laten drijven in een mooie schaal is al oud, maar wordt helaas weinig toegepast. Het is niet alleen heel leuk om te doen, het is goedkoop en geeft de mogelijkheid altijd een stukje natuurlijke sfeer op tafel te hebben. Combinaties met fraaie stenen, een houtstronkje, schelpen en dergelijke maken er aardige drijf- landschapjes van (foto p. 81 boven).

Ook de inlegtechniek (ill. 40) waarbij verzamelde materialen droog worden gearrangeerd in een schaal of bak is heel interessant. Elk seizoen heeft een eigen uitstraling en heeft sfeervolle materialen voorhanden. Vooral de herfst is rijk aan mooi gekleurd blad, bessen en zaaddozen (foto p. 81 onder). Op decoratieve wijze kunnen materialen, stenen, zand, stelen, takken, bloemen en blad worden samengesteld tot een ingelegde vormgeving. Inklemmen onder de rand van een schaal is hierbij vaak een hulpmiddel.

Inleggen kan ook door een natuurlijk of decoratief landschap samen te stellen van stenen, zand, aarde, kleine plantjes, houtstronkjes en dergelijke. Maak eens uw eigen miniatuurlandschap (foto's p. 81 onder en p. 82).

Enkele suggesties:
- plat of ruimtelijk, of in combinatie;
- rond als een kransvorm;
- in een willekeurig patroon;
- met rechte rijtjes;
- met rijtjes in verschillende vorm en richting;
- in groepjes, eventueel afgewisseld met losse elementen (foto p. 83 boven);
- in combinatie met grind, zand, mos, roodstenen potjes, opgerold blad, stengels of takkenbundels;
- als landschap, natuurlijk of decoratief;.
- strak, abstract en modern, eventueel door een blad gestoken (foto p. 83 onder).

plants, driftwood, etc.
Have fun; create your own miniature landscape! (photos p. 81 under and p. 81 up).

A few suggestions:
- flat or spacious, or in combination;
- round as in a wreath shape;
- in a random fashion;
- in straight rows;
- rows in different shapes and direction;
- in groups with randomly placed elements (photo p. 83 up);
- in combination with gravel, sand, moss, red clay pots, rolled leaves, stem or branch bundles;
- as a landscape, natural or decorative;
- stark, abstract and modern, perhaps arranged through a leaf (photo p. 83 under).

VLECHTSELS ALS BASIS

Een eenvoudig vlechtwerkje van blad of takken kan dienen als basis voor de compositie. Hier is een matten-
vlechttechniek toegepast. Eenvoudig om en om invlech-
ten. Leg het vlechtsel in de schaal of eventueel op de
rand van een schaal of vaas. De bloemen en het blad
steekt u er gewoon tussen.

Verwerkt zijn: *Anemone coronaria, Baxteria australis* en
Hedera.

WEAVING AS A BASE

A simple weaving of leaves and twigs can serve as the
foundation of a composition. In this case, a carpet weaving
technique has been employed.

Simply, alternate twigs on leaves over and above each
other. Lay the woven grid in a bowl or on top, if desired.
Flowers are then placed in between the openings.

Used are: *Anemone coronaria, Baxteria australis* and *Hedera*.

Alternatieve technieken

Stapelen of rijgen

Stapelen is een techniek die bijna vanzelf al leidt tot een alternatieve vormgeving. Het kan zowel met levende als met dode materialen gebeuren en eventueel in combinatie met steen, hout en dergelijke. Het principe is een compositie te maken waarbij het vormelement stapelen leidt tot een aantrekkelijk en sfeervol arrangement. Vooral met sterke materialen in de herfst zijn mooie en lang houdbare resultaten te behalen. Denk bijvoorbeeld eens aan blad opvouwen en dan opstapelen, eventueel op een pen geprikt. Stapelen en rijgen vloeien soms wat vormgevend resultaat betreft in elkaar over (foto's p. 88 t/m 91).

Rijgen

Bij rijgen denken we wellicht eerst aan het aan een draad rijgen van blad, vruchten, zaaddozen en dergelijke. We doen dit wel bij het maken van slingers of guirlandes. U kunt ook materiaal kiezen dat na droging in een goede vorm blijft, u kunt dan langdurig van uw creatie genieten. Materiaal op een lange metalen pen prikken is ook een vorm van rijgen en kan leiden tot leuke creaties. Rijgen is ook een techniek om decoratieve toevoegsels te maken in bloemwerk, boeketten, bruidswerk en dergelijke. Bij het maken van een palmpaasstok worden vruchten, noten, krenten en rozijnen aan een draad geregen om aan de stok te worden gehangen. Aardig is ook om bladveren van bijvoorbeeld *Cycas revoluta* te gebruiken om via een rijgsteek gevouwen blad te bevestigen. Rijgen kan zelfs leiden tot geheel hieruit opgebouwd alternatief bloemwerk (ill. 41 en foto's p. 88 t/m 91).

Bevestigingstechnieken met stokjes

Met stokjes kunnen we materialen aan elkaar bevestigen zonder gebruikmaking van ijzerdraad, lijm en dergelijke. U kunt

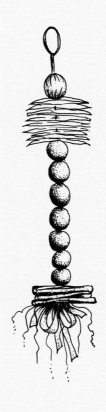

41. Rijgtechniek.

41. String technique.

Alternative Techniques

Stacking or Stringing

Stacking is a technique, which invariably leads to alternative design. It can be done with live or inert materials and in combination with stone, wood, etc. An interesting assignment could read as follows: make a composition, whereby the element stacking results in an attractive and compelling arrangement. Especially during autumn, strong and lasting materials provide great opportunities to create beautiful designs. Think, for example, in folding a leaf and stack it on top of another or impale it on a pin or spike.

Stacking and stringing, at times, flow quite easily into each other (photos p. 88 til 91).

Stringing

When we think about stringing, we think in terms of the act or method to string foliage, fruit, seedpods, etc. We do this when we make garlands.

You can also choose materials which dry well in a garland for long lasting enjoyment.

Pinning materials on a long metal pin is also a form of stringing and can lead to some challenging and interesting creations. Stringing is also a technique, which can add decorative elements to arrangements, bouquets, bridal bouquets, etc.

The custom of a Palm Sunday pole uses fruits, nuts, raisins and currants on a string, which is suspended from the pole. It is fun to take the spines of a *Cycas revoluta* palm and use it to stitch folded leaves. Stringing can lead to an entirely new form of floral design (ill. 41 and photos p. 88 til 91).

Fastening Techniques with Sticks

Materials can be fastened together with sticks without the use of wire or glue, etc.

Branches can also be fastened together using this technique. You can put one or more sticks in firm fruits and place it in an arrangement. If the twigs are spread apart in the fruit and squeezed slightly before inserting them into the foam, the fruit will be anchored firmly (ill. 42). Fruits, which have been pierced or damaged, will tend to rot quickly.

Tying the fruits with raffia or string is a technique, which results in longer lasting fruit.

You can also wedge fruit between a frame of branches.

Fastening folded leaves with a twig using the stitch method can create decorative effects. *Aspidistra* leaves can be folded into a loop and fastened with string on its own stem.

zo takken aan elkaar bevestigen. In harde vruchten kunt u een of meer stokjes steken en het geheel in de schikking bevestigen. Als u de stokjes wijdbeens plaatst en dan samenknijpt voor het insteken zit de vrucht goed vast (ill. 42). Bedenk wel dat vruchten bij beschadiging snel gaan rotten, de vrucht ombinden met raffia of touw is een techniek die tot een veel langere houdbaarheid leidt. U kunt vruchten ook inklemmen tussen een bindsel of frame van takken. Met stokjes kunt u ook decoratieve effecten bereiken door blad dubbel te vouwen en dit met een stokje in de rijgsteek vast te zetten. U kunt blad, zoals *Aspidistra*, ook in een lus vouwen en met touw aan de eigen steel vastbinden.

Sushi-techniek
Bijzonder aardig is de vormgevende techniek waarbij u een klein bundeltje bloempjes oprolt in een blad van *Aspidistra*, *Bergenia* of ander stevig blad. Zet het blad vast met een cocktailprikker. Zet ze in een schaal als een groep of zet ze klem tussen een constructie, grid of frame van takken (of een gaasrooster) zodat ze daar steun tussen vinden. Een geheel nieuw soort bloemwerk is het resultaat. U heeft nu een soort Japanse bloemensushi gemaakt. U kunt de bundeltjes ook in een ring of schuin in een lage schaal leggen. Veel is mogelijk (ill. 43, foto's p. 20 en 21).

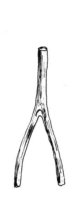

42a

42b

42c

42a. Fruit op twee stokjes.
b.   Gaffelvormen om iets vast te steken.
c.   Gaffel als steunvorm.

42a. Fruit impaled on 2 sticks.
b.   Forked twig fastening technique.
c.   Forked twig as support.

43. Sushi-techniek. Oprollen van bundeltjes in een blad.

43. Sushi technique: wrapping little bundles in leaves.

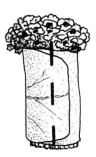

Sushi Technique
A unique approach to design is to use small bunches of flowers and roll them into an *Aspidistra*, *Bergenia* or other firm leave. Fasten the leaf with a cocktail pick. Place the leaves in a bowl as a group or wedge them in a grid or frame of branches, or chicken wire for support. An entirely new type of flower arrangement is the result. You have now created a sort of Japanese floral sushi. It is also possible to lie the bunches in a ring or diagonally in a bowl. The sky is the limit! (ill. 43, photos p.20 and p.21).

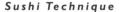

KLEMMEN

In deze fraaie Mobach-schaal zijn rode *Cornus*-takken recht ingeklemd. Daarna is het eenvoudig om met slechts weinig bloemen een origineel geheel te creëren.
Verwerkt zijn: *Aristolochia macrophylla, Callicarpa, Celosia, Clematis, Hydrangea, Elaeagnus x ebbingei* en *Cornus alba* 'Sibirica'.

WEDGING

Red *Cornus*/dogwood twigs are wedged in this beautiful Mobach dish. Once the technique is in place, it becomes rather simple to create an original design with just a few flowers.
Used are: *Aristolochia macrophylla, Callicarpa, Celosia, Clematis, Hydrangea, Elaeagnus x ebbingei* and *Cornus alba* 'Sibirica'.

STRAKKE LIJNEN

De klemtechniek heeft in deze metalen bak een functie als basis, maar tevens als vormgevend element. Het is telkens weer een spel van vorm, lijn en kleur. Kiezen welke vormelementen een rol spelen.

Verwerkt zijn: *Chrysanthemum, Clematis, Cornus, Hydrangea, Zantedeschia* en *Xanthorrhoea preissii.*

STRAIGHT LINES

The clamp or wedging technique plays a role, not only as a base, but also as a design element in this metal tray. It is always a play of form, line and colour. We have to choose which form element will play a role.

Used are: *Chrysanthemum, Clematis, Cornus, Hydrangea, Zantedeschia* and *Xanthorrhoea preissii.*

GEDRAAIDE TECHNIEK

Middels een klemtechniek zijn enkele fraaie takken met bloemknoppen in de glazen schaal geklemd. Door de overstekende rand is het eenvoudig om de takken te bevestigen. Door de spanning blijven ze vanzelf zitten. Een spontaan effect geeft het uit de schaal zwiepen van de bloemtakken.

Verwerkt is: *Magnolia soulangeana*.

TENSION TECHNIQUE

The tension technique is used to fasten several beautiful branches of Magnolia. The in curved edge of the bowl makes it possible to hold the flowers in place through this technique.

The branches leaping out of the bowl give the arrangement a spontaneous effect.

Used are: *Magnolia soulangeana*.

TULPEN

In de glazen schaal zijn rode *Cornus*-takken willekeurig boogvormig ingeklemd. Daarna zijn de 20 tulpen tussen en onder de takken geklemd en wel zó dat de stelen in het water staan.

Verwerkt zijn: *Tulipa* 'Rococo' en *Cornus alba* 'Sibirica'.

TULIPS

Red dogwood branches are bent inside the rim of a glass bowl. The tension, thus created, forms a grid through which the flowers are placed under and between the branches, so that all the stems are in water.

Used are: *Tulipa* 'Rococo' and *Cornus alba* 'Sibirica'.

VRIJSTAANDE COMPOSITIE

Heel aardig is de techniek om takken los in een schaal te
zetten. Ze kunnen door elkaar te steunen uit zichzelf blijven staan. Eventueel helpt u een handje door ze hier en
daar aan elkaar te knopen. Tussen de basistakken kunt u
een of meer bundeltjes bloemen zetten. U kunt als alternatief ook een handgebonden boeket binden en dit los-
staand in een schaal zetten. De decoratieve bindsels werken mee aan een decoratief effect.

Verwerkt zijn: *Forsythia intermedia* en *Iris.*

FREE STANDING COMPOSITION

It is a good idea to place branches upright in a bowl.
Through mutual support, they are able to stand all by
themselves.
It is wise to weave and tie the branches for greater stabili-
ty. Between the base twigs, you can place one or more
bundles of flowers, as shown.
As an alternative, you can use a hand tied bouquet and
place it free standing in a bowl.
The decorative bindings give it a special effect.
Used are: *Forsythia intermedia* and *Iris.*

VRIJSTAAND ARRANGEMENT

Zet enkele takken op en bind ze op strategische punten
aan elkaar. In dit frame plaatst u de bloemen en ranken.
Indien nodig bindt u ze hier en daar aan de takken vast.
Verwerkt zijn: *Amelanchier lamarckii, Cotoneaster, Hedera,
Helianthus annuus, Hydrangea petiolaris* en *Wisteria*-ranken.

FREE STANDING ARRANGEMENT

This arrangement uses several branches tied together at
strategic points. In this frame, flowers and vines are placed
and, if necessary, tie these to the branches for added stability.
Used are: *Amelanchier lamarckii, Cotoneaster, Hedera,
Helianthus annuus, Hydrangea petiolaris* and *Wisteria* vines.

SFEERTJE

Leg in de schaal enkele mooie ranken en klem ze eventueel ook onder de rand. Dan blijft alles vanzelf goed op zijn plaats. Daarna legt u er een of meer bloemen tussen. Verwerkt zijn: *Aristolochia macrophylla, Rosa,* en zaden van *Asphodeline lutea.*

ATMOSPHERE

Select some interesting looking vines and wedge these under the rim of a bowl so that they are secure. Then, use one or more flowers between the vines to complete the design.
Used are: *Aristolochia macrophylla, Rosa* and the seeds of *Asphodeline lutea.*

INLEGTECHNIEKEN

De inlegtechniek is weer zo'n aardige en uiterst eenvoudige manier van bloemschikken. U hoeft niet meer te doen dan een leuke combinatie van materialen bijeen te zoeken en deze op een aantrekkelijke manier in een lage schaal of bak draperen.
Verwerkt zijn: een herfstcombinatie van eikels, rozenbottels, mos, appeltjes, blad van eik, *Acer* en grassen.

RANDOM PLACING TECHNIQUE

The casual placing technique is a nice and easy way to arrange flowers. You do not need to do any more than to combine a nice selection of materials and place or drape these in an attractive manner into a low bowl.
Used are: an autumn combination of acorns, rose hips, moss, apples, oak foliage, *Acer* and grasses.

TWEELING

In deze tweelingbak is een droog landschapje aangelegd met beukennootjes, houtstronkjes, vezels, stenen en zand. Door materiaal, zoals hier de ranken, over de twee kistjes te laten lopen wordt de eenheid nog versterkt. U kunt zelf natuurlijk ook vele boeiende combinaties bedenken. Verwerkt zijn: *Aesculus hippocastanum* en *Helianthus annuus.*

TWINS

These twin containers feature a dry landscape with beech-nuts, wood stumps, fibres, stones and sand. The draping of vines over the two wooden trays emphasizes unity.
I am sure you can think of many other fascinating combinations.
Used are: *Aesculus hippocastanum* and *Helianthus annuus.*

CONTRAST

Bij het inleggen van deze materialen is een aardig contrast bereikt. Het gaat om een kwantiteitscontrast en een licht-donker contrast. Ook het groeperen speelt een grote rol in deze eenvoudige compositie.
Verwerkt zijn: *Aristolochia macrophylla, Leucobrium glaucum* en *Cotoneaster*.

CONTRAST

A nice contrast has been achieved by paveing various materials in a low container.
We are talking about a quantity contrast as well as a light-dark contrast. Also, the grouping of materials plays a major role in this simple composition.
Used are: *Aristolochia macrophylla, Leucobrium glaucum* and *Cotoneaster*.

DECORATIEF

In de glazen schaal is een blad van *Aspidistra* gelegd. Door het blad zijn de bloemen en takjes gestoken. Ter decoratie zijn kralen, mosselschelpen, gebruikt koperdraad en veren van de kraai gebruikt.
Verwerkt zijn: *Ageratum houstonianum, Aspidistra elatior, Clematis, Hydrangea, Xanthorrhoea preissii, Ligustrum*-bes en *Rosa*.

DECORATIVE

A glass bowl features a leaf of *Aspidistra*. Flowers and twigs are arranged through the leaf, while beads, shells of mussels, copper wire and feathers are used for decoration.
Used are: *Ageratum houstonianum, Aspidistra elatior, Clematis, Hydrangea, Xanthorrhoea preissii, Ligustrum*-berry and *Rosa*.

Inklemmen tussen stenen of glazen knikkers

Een leuke en decoratieve techniek is die waarbij de bloemstelen worden vastgezet tussen steunmateriaal zoals grind, stenen, glazen knikkers, houtstronkjes en dergelijke. Vooral in een glazen bak geeft dit een aardig decoratief effect. Bind eens wat bundeltjes bijeen en plaats ze in de vaas. Let erop dat u geen zachte stelen gebruikt, voorkom dat deze worden fijngedrukt tussen het steunmateriaal (ill. 44 t/m 47 en foto p. 22).

TIP

Leg voor een decoratief resultaat eens een paar mooie stenen of stronkjes op de bodem van de glazen vaas.

TIP

Klem eens bloemen in een stengel van berenklauw of een holle tak. Boor gaatjes in de stengel en klem deze in een bak of schaal. Plaats de bloemen en het blad in de geboorde gaatjes (ill. 48).

44. Los in een vaas plaatsen van stelen en vastzetten met knikkers of keitjes.

44. Single bundle in glass vase, supported by pebbles.

Wedging between Stone and Glass Marbles

A nice and decorative technique is to place flower stems between support materials such as gravel, stones, glass marbles, gnarled wood, etc. It looks great in a square glass container. Bind a few small bundles together and place them in a vase. Be sure to select flowers with firm stems to prevent them from being crushed between the support materials (ill. 44 til 47 and photo p. 22).

TIP

For a decorative effect, place a few nice stones or driftwood at the bottom of a glass container.

TIP

Wedge or clamp some flowers in the stem of cow parsley or a hollow branch. Drill holes in a stem and wedge it in a tray or dish. Place flowers and foliage in the pre-drilled holes (ill. 48).

45. Solitaire bundel in een glasvaas, vastgezet met keitjes.

45. Single bundle in glass vase, supported by pebbles.

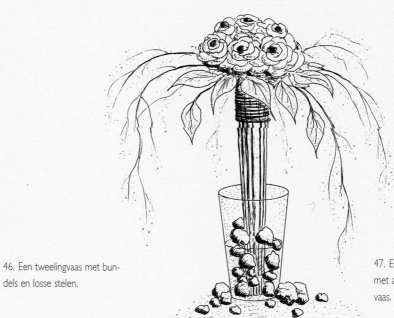

46. Een tweelingvaas met bundels en losse stelen.

46. Twin vase with bundles and loose stems.

47. Een decoratieve bundel met afhangende ranken in een vaas.

47. A decorative bundle with trailing vines in a vase.

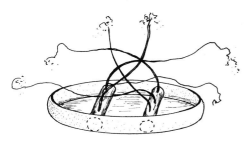

a

b

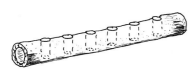

c

d

48. Inklemmen van een stammetje of holle steel. Via een gleuf of door gaatjes te boren kunnen bloemen of takken worden bevestigd. Een holle steel kan eventueel worden afgebonden met bindsels.

48. Wedging of hollow stems, through which holes have been drilled to support flowers and branches. A hollow stem may be tied with a variety of bindings.

Bamboe

Een heel apart resultaat kunnen we krijgen als we dikke bamboestengels nemen en daar enkele gaten in maken. In de bamboe doen we water en via de gaten kunnen we bloemen steken. Door een paar bamboestengels samen op te hangen ontstaat een heel bijzonder arrangement. We kunnen de bamboe ook horizontaal ophangen en aan de bovenkant met een boormachine van kleine gaatjes voorzien. Doe vervolgens water in de bamboe. In elk gaatje steken we een of enkele bloemen. U moet wel bij voorkeur verse bamboestengels hebben omdat deze nog waterdicht zijn. Droge bamboe scheurt meestal in (ill. 49).

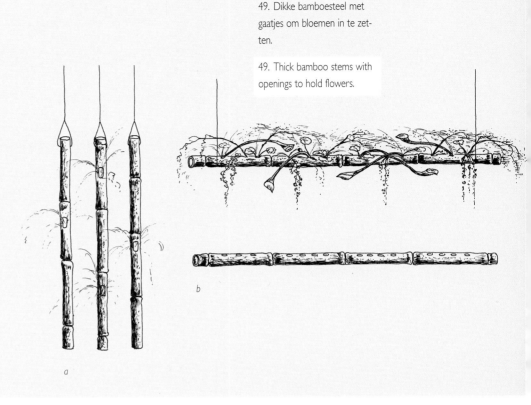

49. Dikke bamboesteel met gaatjes om bloemen in te zetten.

49. Thick bamboo stems with openings to hold flowers.

a

b

Bamboo

Drilling a few holes in a thick bamboo stem can create an unusual design. Put water in the openings and place flowers accordingly. Suspending a few bamboo stems together can make an unusual arrangement.
We can also suspend bamboo horizontally and drill holes at the top; add water and put one or more flowers in each hole. It is advisable to use fresh bamboo stems because they are able to hold water. Dry bamboo has a tendency to split (ill. 49).

Bundle Over Dish

We can lay a bundle of branches over a long low dish; place flowers and foliage between the openings and you will be pleasantly surprised at the results.
The bundle can also be given a more open form by tying a few flexible branches into a wreath shape before tying to the bundle (ill. 50).

TIP

A wide bundle of flower stems, tied in two places, can be laid loose in a nice dish. If desired, you can tie some foliage to the outside of the bundle. A small amount of water is enough (ill. 51).

TIP

Instead of a bundle of twigs one can use a sphere or ball of braided bare twigs or vines as a base in a vase or bowl to support flowers through the openings.

50. Een los op een schaal neergelegde bundel takken met bloemen ertussen.

50. Bunches of twigs, casually placed on a dish to supports flowers.

Bundel over schaal

Als we een grote schaal bezitten dan kunnen we hierop eens een bundel takken leggen. Tussen de bundel steken we bloemen en blad. U zult zien dat dit een heel verrassend effect zal geven. De bundel kunt u desgewenst een wat open vorm geven door een paar flexibele takken eerst in een ringvorm te binden en dan in de bundel te bevestigen (ill. 50).

TIP

Een brede op twee plaatsen bijeengebonden bundel bloemstelen kunt u los in een mooie schaal plaatsen. Eventueel bindt u aan de buitenzijde van de bundel blad mee. Een klein laagje water is voldoende (ill. 51).

TIP

In plaats van een bundel kan een gevlochten bol van kale takken in een schaal gelegd of op een vaas, dienen als basisvorm om bloemen tussen te steken of te rijgen.

Gewoon in een fles of vaas

Bloemen eenvoudig, los of in kleine bundeltjes gebonden, in een fles of misschien liever nog in een groepje flessen of vazen plaatsen is heel eenvoudig (ill. 52 en foto p. 23). Het staat vaak heel charmant en spontaan. Ook het vrij, soms kriskras schikken in een vaas van glas of aardewerk is gemakkelijk en geeft een spontaan resultaat (foto p. 26). Vooral een mooie bolronde glasvaas geeft goede resultaten evenals cilindervormige vazen (ill. 53). Vul de fles of vaas met een klein laagje water en plaats de bloemen in een speelse compositie. Als u groepjes flessen of grappige vazen op een tafel of dienblad zet geeft dit een mooi en samenhangend resultaat (foto p. 94).
Ook een parallelgebonden bundel in een vaas gezet geeft een leuk effect, vooral als u er een groep van maakt en er een ritme ontstaat. U kunt zich hierbij tot een enkele soort beperken of groen en andere materialen toevoegen. Bind de bundel zowel boven- als onderaan met een decoratief bindsel bijeen.

51. Los in een schaal geplaatste bundel.

51. Freely placed bundle in a bowl.

Casually Placed in a Bottle or Vase

Flowers, simply used, tied in small bunches in a bottle or perhaps in several bottles or vases, is a really lovely idea (ill. 52 and photo p. 23). The look is charming and spontaneous. Also, the casual or criss-cross arranging of flowers in a glass or ceramic vase is easy to do, and looks very appealing (photo p. 26). The large glass rose bowl, particularly, gives a beautiful effect, as do cylindrical shaped vases (ill. 53).
Fill a bottle or vase with a little water and place flowers in a playful composition. If you group the bottles or vases on a table or serving tray, the result will be striking and cohesive (photo p. 94).
Also, a parallel tied bouquet in a vase will give a charming effect, particularly if they are grouped, thus creating a rhythmic effect. You can limit yourself to using a single variety (mono botanicals) or add greens and other materials. Tie the bundle at the top as well as the bottom with a decorative binding.

52. Een subtiel lijnenspel met flessen en bloemen.

52. Subtle play of lines with bottles and flowers.

53. Een glazen bolvaas geeft aparte mogelijkheden, zet de bloemen er gewoon los in.

53. A glass rose bowl provides unique possibilities. Just place flowers casually.

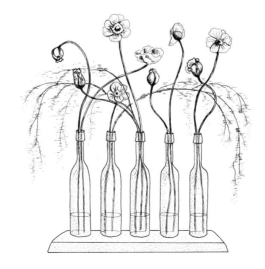

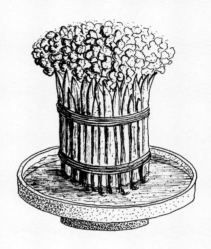

STAPELING

In een houtschijf is een gat geboord en daarin is een metalen staaf gezet. Hierop is het gemakkelijk om blad te prikken of zo u wilt rijgen. Hier is dat in bundeltjes gedaan met tussenstukjes van de *Equisetum*. Leuk en bijna avant-gardistisch.

Verwerkt zijn: *Acer pseudoacacia, Equisetum japonica* en *Chaenomeles*.

STACKING

A pin has been fastened to a wooden disc, which serves as a base for this design. It is now a simple matter to pick leaves onto the pin. In this case, it is done in bunches with pieces of *Equisetum* placed in between. It is fun and almost avant-garde.

Used are: *Acer pseudoacacia, Equisetum japonica* and *Chaenomeles*.

VARIATIE

Een ander idee van stapelen. Gewoon al het blad op elkaar prikken en aan de top een grappig einde bedenken. Ook verdroogd nog erg leuk.
Verwerkt zijn: *Chaenomeles, Equisetum japonica* en *Quercus.*

VARIATION

Another way of stacking. Just pin all the leaves on top of each other and finish with a unique and unusual topping. Even when dried, it is still very effective.
Used are: *Chaenomeles, Equisetum japonica* and *Quercus.*

AVANT GARDE

Dit gestapelde en geregen arrangement heeft nog sterker een avant-garde gevoel. In de stelen van de *Equisetum* zijn met een gaatjestang gaatjes geknipt. Daarna zijn de stengels op de metalen pen geprikt.

Verwerkt zijn: *Chaenomeles, Equisetum japonica* en *Physalis alkekengii* var. *Franchetii.*

AVANT GARDE

This stacked and stringed arrangement portrays a very strong avant-garde feeling. The stems of *Equisetum* have holes punched in with a hole punch, and placed accordingly onto the metal pin.

Used are: *Chaenomeles, Equisetum japonica* and *Physalis alkekengii* var. *Franchetii.*

BLADVORM

Een grappig rijgeffect dan wel stapeling is hier bereikt met het gevouwen blad van *Aspidistra*. Het blad is telkens met tussenstukjes van de *Equisetum* op de metalen pen geprikt. Leuk en anders!
Verwerkt zijn: *Aspidistra elatior*, *Chaenomeles* en *Equisetum japonica*.

STACKING LEAVES

A delightful string or stacking effect has been created with folded leaves of *Aspidistra*.
The leaves are placed alternately on a metal pin with pieces of *Equisetum* in between.
Unique and different.
Used are: *Aspidistra elatior*, *Chaenomeles* and *Equisetum japonica*.

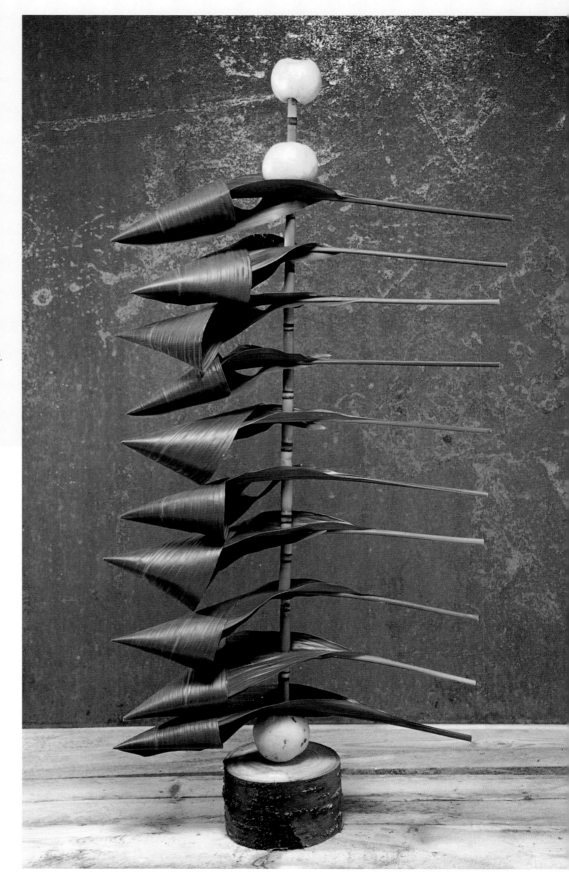

12 VERZORGEN VAN BLOEMEN EN BLOEMWERK

De bloemen die u in de schikking verwerkt, moeten eerst worden behandeld. Als u bloemen direct uit de tuin verwerkt dan gaan ze meestal snel slaphangen. Pluk de bloemen bij voorkeur 's ochtends vroeg dan zijn ze nog grotendeels volgezogen met water. Bloemen die u plukt of koopt moet u niet in een te dicht knopstadium kopen, ze gaan dan gauw slaphangen. Koop ze liever liever iets gesprongen, ze komen dan mooier open. Geef alle bloemen en ook het bladmateriaal voordat u het gebruikt de behandeling die voor die soort het beste is. Voor de meeste soorten geldt het op kraanwater zetten (10 à 20 graden) als beste methode; wel eerst altijd schuin aansnijden.

Tips en regels
- Vul een schone emmer of vaas met water (ca. 10 tot 15 cm).
- Doe hier een snijbloemenvoedsel zoals Chrysal in (precies de juiste soort en hoeveelheid). Zonder snijbloemen-voedsel is de houdbaarheid meestal korter.
- Verwijder het blad tot ca. 1/3 deel van onderkant.
- Verwijder beschadigd en overtollig blad, alsmede jonge zijscheuten.
- Bekijk de bloem en verwijder de ergst beschadigde of gebroken bloemblaadjes.
- Snijd de bloemsteel met een scherp mes onder een hoek van 45 graden aan.
- Plaats de bloemsteel direct in de emmer of vaas met water.
- Laat de bloemen ten minste 3 uur water opzuigen. Daarna kunt u ze in een schikking verwerken.
- Als het erg warm is, sproei de bloemen dan. Dit geldt niet voor gevoelige of behaarde soorten, die kunnen er niet tegen.
- Zijn de bloemen slap, wikkel ze dan in een krant en zet ze koel weg in een emmer water. Snijd ze wel eerst af.
- Zet de schikking niet in de zon en niet in de tocht.
- Verwijder uitgebloeide bloemen direct.
- Plaats bloemen niet bij rijp fruit of groente omdat dit ethyleengas afgeeft dat schade geeft aan de bloem en het vaasleven verkort; ook rook verkort de levensduur van bloemen.
- Fruit in bloemwerk is niet goed vanwege ethyleenschade, vooral rijpe appels, paprika's en tomaten zijn zeer schadelijk. Hard en onrijp fruit geeft weinig of geen problemen.

12 CARE AND HANDLING OF FLOWERS AND ARRANGEMENTS

All flowers need special treatment before they are arranged. Flowers picked directly from the garden and arranged immediately, tend to wilt very quickly. Flowers should be picked early in the morning due to the fact that they have absorbed a lot of water overnight. Do not pick or buy flowers in a very tight bud stage, because they tend to wilt quickly. Buy them with the buds slightly open and they will develop fully. Give all flowers, including foliage, the proper treatment as prescribed for each variety. For the most part, tap water between 10 and 20 degrees Celsius is best. Be sure all stems are cut at an angle.

Tips and Rules
- fill a clean pail or vase with tap water (approximately 10-15 cm);
- add flower food such as Chrysal in the correct dosage. Without flower food, lasting quality will be vastly reduced;
- remove about 1/3 of foliage from bottom of stems;
- remove damaged and excessive foliage, including fresh side shoots;
- look at the flower and remove damaged petals and broken blooms;
- cut flower stems with a sharp knife on a 45 degree angle;
- place flower stems immediately in a pail or vase with water;
- leave flowers in water for at least 3 hours before arranging;
- mist or spray flowers with water during very warm days, with the exception of sensitive or fuzzy stemmed flowers;
- wilted flowers should be wrapped in newspaper and placed in a pail of water in a cool place. Be sure to re-cut the stems;
- keep arrangements out of the sun, drafts and radiators;
- remove spent flowers daily;
- do not place flowers near ripening fruit or vegetables, because they emit ethylene gas, thereby shortening the life of the flowers. Smoke also affects the lasting quality of flowers;
- fruit in flower arrangements is not a good idea due to possible ethylene damage, especially, ripe apples, peppers and tomatoes give off a lot of ethylene. Firm or unripened fruit causes no problem.

Hoe blijft het bloemwerk mooi?

We willen natuurlijk dat het bloemstuk zo lang mogelijk mooi blijft. Er zijn wel situaties waarin dit in het geheel niet van belang is, maar meestal is een goede houdbaarheid gewenst. Om dit te bereiken kunt u het volgende doen:

- Drenk steekschuim in schoon water met snijbloemenvoedsel en vul het bloemstuk dagelijks bij met schoon water met daarin Chrysal.
- Steek de bloemen diep in het schuim of tussen het steunmateriaal zodat water gegarandeerd is.
- Zet het stuk niet op de tocht, niet in de zon en plaats het (als het niet te groot is) in de nacht koeler.
- Verwijder uitgebloeide bloemen direct.
- Sproei eventueel als de luchtvochtigheid erg laag is, dit geldt niet voor behaarde bloemen of bloemstelen die behaard zijn.
- Voorkom altijd dat u in vuile emmers of ondergronden werkt, schade door bacteriën of ethyleengas is onherstelbaar.
- Als er bloemenbuisjes of flesjes zijn gebruikt, vul deze dan dagelijks met water bij.

TIP

Maak emmers en vazen niet schoon met chloor, dit is geen schoonmaakmiddel maar een desinfectiemiddel. Gebruik groene of vloeibare zeep of Savona. Aanslag kan worden verwijderd door een scheut azijn of citroenzuur in het water te doen en de vaas een dag te laten weken. Gebruik zo min mogelijk water. Zet de emmer of vaas, nadat deze is nagespoeld met schoon water, onderste-boven zodat restwater eruit kan lopen en bacteriën geen kans krijgen.

TIP

Vuil blad kunt u schoonmaken met een plantenspray gevuld met een middel zoals biologische zeep op waterbasis welke biologisch afbreekbaar is. U kunt ook gewoon een vochtige doek gebruiken.

TIP

Voor bloemisten is de meest perfecte manier om snijbloemenvoedsel te doseren gebruikmaking van de speciale Chrysal dosingunit. Het bespaart tevens water, schoonmaakmiddelen en onnodige arbeid.

How Can We Keep Flower Arrangements Fresh Longer?

We, naturally, want to enjoy a flower arrangement as long as possible. There are situations where this may not be important. In general, longevity is a desired quality.

To achieve this, we suggest the following:

- soak flower foam in clean water with flower food, and top up arrangements daily with flower food solution;
- place flowers deeply into floral foam or other support material in order for flowers to drink;
- place the arrangement away from sun, draft and heat, and place in a cool spot overnight;
- remove spent flowers immediately;
- mist or sprinkle flowers daily when humidity levels are low, do not mist flowers which have fuzzy leaves or stems;
- always use clean containers and bases. Damage, caused by bacteria and ethylene can not be corrected;
- if an arrangement contains flower vials or small bottles, be sure to top these up daily with a flower food solution.

TIP

Do not use chlorine for cleaning pails and vases; chlorine is not a cleaning agent, but a disinfectant. For cleaning, use an antibacterial soap.

Calcium deposits in a vase can be removed with vinegar or lemon acid; leave to soak overnight. Use as little water as possible, place pail or vase upside down after rinsing to retard formation of bacteria.

TIP

Dirty foliage can be cleaned with a water based biological product applied with a plant sprayer. Or simply use a wet cloth.

TIP

For florists, the most perfect way to measure the exact amount of flower food, is to use a special Chrysal dosing unit. Not only does it save water, but also cleaning agents and unnecessary work.

VAZENFAMILIE

Hier vormt een familie bijna identieke Mobach-vaasjes samen de basis van het arrangement. In elk vaasje zijn bloesemtakken en verschillende bloemsoorten geplaatst. Samen vormen zij een geheel. U kunt de vaasjes in een groep willekeurig bijeenplaatsen, u kunt een strikte rij formeren of u kunt de vaasjes in een of ander ritme neerzetten, veel is mogelijk. Probeert u kunt ook eens een collectie totaal verschillende vazen samen te brengen in een schikking.

Verwerkt zijn: *Anemone, Prunus* en *Veronica.*

A FAMILY OF VASES

A family of nearly identical Mobach vases forms the basis for this arrangement. Each vase holds blossom branches and other varieties of flowers. Together they form a complete unit. You can place the vases in a group, a single line or position them in another rhythmic composition. There are many possibilities; try, for example, to arrange a totally diverse collection of vases in an arrangement. Used are: *Anemone, Malus floribunda* and *Veronica.*

EIGENTIJDSE SCHOONHEID

Heel eigentijds en zeer milieuvriendelijk is deze compositie waarbij bloemen in een laboratoriumrekje met glasbuisjes zijn geplaatst en wat knikkers ter decoratie. Eenvoudiger kan bijna niet en toch heeft het een krachtige uitstraling.

Verwerkt zijn: *Anthurium* en *Asparagus setaceus*.

CONTEMPORARY BEAUTY

This composition is very today and completely environmentally friendly. Flowers are arranged in test tubes and placed in a laboratory rack; marbles complete the design. Nothing can be simpler, but the look is fabulous.

Used are: *Anthurium* and *Asparagus setaceus*.

13 CREATIVITEIT, UW EIGEN UITDAGING

De ontwikkeling van een natuurvriendelijke houding en werkwijze leidt tot een bewustere keuze in techniek, vormgeving en materiaalgebruik. Naarmate vooral een milieubewuste techniek zich zal ontwikkelen kan een interessante vormgeving van bloemwerk ontstaan (foto p. 95). Creativiteit doet een beroep op ons scheppingsvermogen. De bloemsierkunstenaar is bezig met plantaardige materialen, vaak gecombineerd met niet-plantaardige materialen. Tracht daarmee uitbeelding te geven aan ideeën en gedachten.

Dit kan een uitbeelding zijn van een thema, een vertolking van een gedicht met bloemen of misschien een uitdagende wedstrijdopdracht. De creatie zal een originele vorm van bloemwerk te zien geven. Cruciaal in creativiteit is de studie van de techniek, vormgeving en kleurtoepassing van het bloemschikken. Iedereen is in zekere mate creatief. Met wat durf en moed zetten we onze creativiteit om in interessant uitdagend bloemwerk. Bij het natuurlijk bloemschikken zal naast het creatief bezig zijn de natuur een van onze belangrijkste drijfveren zijn, nu en in de toekomst. Dat zal een ieder willen beamen. U zult geleidelijk aan steeds bewuster gaan bloemschikken.

14 VORMGEVING

Compositie en vormgeving en kleur zijn in een schikking direct en opvallend aanwezig. De vorm bepaalt de essentie, het karakter, van het beeld van de schikking. De vorm kan decoratief, symmetrisch, asymmetrisch, compact, ruimtelijk of lineair zijn. Ook de stijl wordt mede bepaald door de vorm (foto p. 98). Een schikking kan eenzijdig of alzijdig worden vorm gegeven, ook tweezijdig of waaiervormig behoort tot de mogelijkheden. Boeiend is ook de geheel gemengde vormgeving waarbij materialen als een wirwar dooreen zijn verstrengeld, georganiseerde chaos dus. De materialen kunnen worden gemengd naar vorm of kleur of ze kunnen worden gegroepeerd. Groeperen geeft direct meer rust in de compositie. Vooral bij de lineaire vormgeving is dit van belang omdat het daar vooral gaat om het effect van lijn en ruimte (foto p. 99).

13 CREATIVITY, DEVELOPING YOUR OWN CHALLENGES

The development of environmentally friendly attitudes and work methods may lead to a more conscious choice in the use of techniques, design and materials. As more environmentally friendly techniques are being developed and applied, the more interesting the designs can become (photo p. 95).

Creativity challenges our imagination. The floral artist uses plant materials, often combined with ancillary products for the purpose of giving expression to an idea or thought. This can be an expression of a theme or an interpretation of a poem with flowers, or a challenging design competition. The resulting creation will show an original form of design.

Fundamental to creativity is the study of the techniques, design and the application of colour in a floral arrangement. Everyone possesses a certain degree of creativity. With a bit of courage and daring, we are able to take our creativity and turn it into an interesting and challenging design.

Natural flower arranging, beside expressing creativity, also demands that we concern ourselves with nature and ecology, now and in the future.

I think everyone will agree, that gradually we will become more conscious and sensitive towards natural floral design.

14 DESIGN

Composition, design and colour not only draw attention, but also form the basis of a floral arrangement. The form determines the essence, the character and the image of the design.

The form can be decorative, symmetrical, asymmetrical, compact, spacious or linear.

Also, the style is determined by the form (photo p. 98). An arrangement can be one sided or all round, also two sided or fan shaped belong to the possibilities. Even a totally mixed design, whereby materials are placed in a criss-cross fashion can be fascinating and looks like organized chaos. The materials can be mixed by form, colour or grouped. Grouping provides rest in a composition.

Grouping is also important in linear design, because the essence is on line and space (photo p. 99).

The structure is the method on how the design is put together (the total form of the design). It is a frequently used and an important concept, but often difficult to grasp. The outward appearance and the construction clarify the whole and define the design. Each material has its own structure and texture. The surface structure, also called the texture or skin, distinguishes between smooth, rough and fuzzy.

De structuur is de wijze waarop de schikking is samengesteld of opgebouwd (de totaalvorm van het arrangement). Het is een veelgebruikt en belangrijk begrip, maar vaak moeilijk begrepen. De uiterlijke verschijningswijze, de opbouw, maakt het geheel duidelijker en geeft meer maat aan de schikking. Elk materiaal heeft ook een eigen structuur en textuur. We noemen een verfijnde oppervlaktestructuur ook wel textuur of huid zoals glad, ruw of behaard. Groeperen bevordert een rustige structuuropbouw in een schikking. Ook de textuur- en kleureffecten worden dan rustiger. Mengen in een beperkte en versluierde combinatie leidt weer tot heel andere effecten (foto p. 101).

Een paar suggesties voor verschillende effecten:
- geheel gemengde soorten en kleuren of veelkleurig;
- contrastrijke combinaties;
- gemengde soorten, maar in één kleur ofwel ton sur ton;
- kleuren naast elkaar uit de kleurencirkel ofwel aanliggend;
- sterk gegroepeerd naar soort en kleur;
- gedeeltelijk gegroepeerd met enkele van een soort los ertussen.

De keuze van de techniek bepaalt voor een deel de vormgevende mogelijkheden. Let daarbij op een goede verdeling van de materialen, bepaal uw eigen keuze hierin.

Belangrijk is het verantwoord omgaan met het materiaal, gepaard gaande aan de eigen creativiteit. Ruimte, licht en kleur zijn erg belangrijke elementen in de schikking. Lijnen, vooral kruisende lijnen en vlakken, zijn sterk vormbepalend. Extra aandacht geven we aan de schoonheid van de oppervlakte en het uiterlijk, de materiaalstructuur en structuur van het totale arrangement.

Grouping promotes a restful appearance in a design. Also, texture and colour effects become quieter. Mixing products in a limited and veiled combination leads to entirely different effects (photo p. 101).

A few suggestions regarding different effects:
- a mingling of varieties, colour or multi-coloured;
- contrasting combinations;
- mixed varieties in one colour e.g. monochromatic;
- colours beside each other on the colour wheel e.g. analogous;
- strongly grouped as to colour and variety;
- partially grouped with one other variety as an accent.

The choice of technique determines, for a large part, the design possibilities. Select and divide the materials guided by your own intuition.

It is important to use the materials responsibly and, thereby, enhancing your own creativity. Space, light and colour are very important elements in an arrangement. Lines, and especially crossing lines and planes strongly influence and determine the outcome of a design. It is important to pay attention to the cleanliness of the surface materials, the structure of the materials, as well as the total form of the arrangement.

ALZIJDIG

De techniek van deze alzijdige schikking is gebaseerd op
een bindsel van takken dat rond de schaalrand is vastgeklemd. Losse takjes zijn via de kransvorm naar binnen
gestoken en op een loodprikker vastgezet. De bloemen
en het blad worden in de loodprikker gestoken. Een
melkwitte glasschaal dient als basis. Koperdraad dient als
bindmiddel.
Verwerkt zijn: *Betula, Hedera, Ranunculus* en *Viburnum opulus* 'Roseum'.

ALL ROUND

This arrangement uses a binding of twigs, which have been
fastened to the edge of the low bowl. Little twigs are placed through the wreath and anchored onto a lead pin holder.
Flowers and foliage are placed next onto the pin holder. A
milk white container serves as a base and copper wire
was used to tie the materials.
Used are: *Betula, Hedera, Ranunculus* and *Viburnum opulus*
'Roseum'.

CONSTRUCTIEF

Om een blauwe schaal zijn bamboestelen geklemd en is
een constructie opgebouwd. De stelen zijn aan elkaar
geknoopt zodat een stevig geheel ontstaat. Deze composi-
tiewijze is hierdoor heel eigentijds en origineel. Het vergt
wel enige tijd voordat de constructie is opgebouwd en een
paar behulpzame handen is prettig. Het kleurcontrast rood
en groen is van een klassieke schoonheid en altijd mooi.
Verwerkt zijn: *Arum italicum, Gloriosa* 'Rothschildiana' en
Xanthorrhoea preissii.

CONSTRUCTIVE ELEMENTS

Bamboo stems are fastened around a blue bowl to form a
construction. The stems are tied together to form a strong
unit.
The design process is, therefore, very contemporary and
original. It takes great deal of time to build the construction and a pair of extra hands is very welcome indeed.
The colour contrast of red and green is of classic beauty
and always effective.
Used are: *Arum italicum, Gloriosa* 'Rothschildiana' and
Xanthorrhoea preissii.

Kleur is uitdagend, vangt ons oog en boeit ons gevoel. We willen dan ook graag aandacht schenken aan de keuze en de combinatie van kleuren in het bloemwerk. Smaken verschillen gelukkig en daarom is het niet gemakkelijk te zeggen wat wel en niet mag of kan. Gebruik uw gevoel en koppel dat aan wat wetenswaardigheden over kleur. Enkele begrippen uit de kleurenleer geven ons een beter begrip en vergemakkelijken de kleurenkeuze.

Het meest wordt gesproken over een kleurenharmonie, het gaat hierbij om kleuren die onderling overeenstemmen en zo een aantrekkelijk kleurenbeeld geven. Als kleuren met elkaar en de omgeving in overeenstemming zijn, noemen we het geheel in harmonie, men zegt ook wel mooi. Dit begrip is echter nogal vaag. Er is altijd sprake van een subjectieve invloed bij het mooi of lelijk vinden, wel kunnen we stellen dat hoe meer we weten van deze materie, de maatstaven kennen, hoe beter we kunnen oordelen over mooi en lelijk.

Bij het combineren van kleuren is het belangrijk de kleurverhouding in het oog te houden. Er is een ideale verhoudingsformule bij kleuren van gelijke grijswaarde en verzadiging. Het is niet als een vast gegeven te hanteren omdat het moet gaan om kleuren met dezelfde kleurkracht. Is een kleur zwakker of sterker, dan moet u hier meer of minder van gebruiken.
Heel spannende combinaties ontstaan juist door flink af te wijken van de standaardmethode, bijvoorbeeld een gele schikking met een blauwe vlek ertussen, of een zalmroze combinatie met een beetje pastelblauw, of gedurfder zalmroze met oranje.

Kleurakkoorden zijn de harmonische samenstellingen van twee of meer kleuren. Ze zijn gebaseerd op een wetmatige betrekking in de kleurencirkel. We noemen het ook wel de twee-, drie-, vier- en meerklanken. Vergelijk het met de akkoorden in de muziek. Vooral het net even afwijken van de standaardoplossingen leidt vaak tot verrassende combinaties.

Een veel toegepaste kleurencombinatie, ook een kleurakkoord, is 'toon in toon' of 'ton sur ton'. Het is een monochromatische combinatie in één kleur met verschillende nuances, bijv. blauwe tinten van licht naar donker. Het is de meest toegepaste kleurencombinatie in de bloemsierkunst, misschien wel al te vaak toegepast en soms weinig verrassend.

Bij aanliggende combinaties gebruikt u meerdere kleuren uit de cirkel. Kleuren

15 COLOUR

Colour is challenging, catches our eye and stimulates our emotions. We want to pay special attention to the choice and combination of colours for our floral arrangements.
Fortunately, tastes differ and it is, therefore, difficult to say which colour scheme is acceptable and which one is not. Use your own intuition with a little colour theory, if desired. A basic understanding of colour theories makes it easier to select a colour scheme.

A great deal of discussions centre around a colour harmony; this, of course, means that the colours are harmonious (in agreement) with one another and thus provide an attractive colour scheme. When colours and their surroundings are in agreement with one another we call this a colour harmony i.e. pleasing to the senses. This concept is a little vague. There is, of course, always a subjective influence, whether we agree on the beauty of a colour or not. One thing we can agree on is the more we know about this subject, the better we can express our opinion on whether a colour scheme is good or bad.

When combining colour, it is important to think in terms of colour proportion. There is a generally accepted formula for combining colours of similar grey values and saturation in right proportion. This, of course, is not an absolute, but depends on colours with a similar colour strength or saturation.
If a colour is weaker or stronger, one should use either more or less of the above. Fascinating combinations can be developed by deviating from the accepted norm, for example, a yellow arrangement with a blue fleck in between or a salmon colour in combination with a bit of pastel blue, or a bit more daring, salmon pink and orange.

Colour harmonies are the harmonious grouping of one or more colours. They are based on the fundamental laws of the colour wheel. Colour harmonies can be complimentary, triadic, tetrad or polychromatic. They are similar to the notes in music. A little deviation from the norm can result in some exciting colour combinations.

A frequently used colour combination is the tone on tone harmony. It is defined as a monochromatic harmony and is comprised of tints, tones and shades of one colour, for example, from light to dark blue in various nuances. It is one of the most used colour combinations in floral art, perhaps a little too often, and misses, therefore, the surprise element.

GROEPEREN EN MENGEN

Een groep identieke vazen is in een zwarte schaal gezet om een kleurcontrast te krijgen. Daarna zijn ze met koord bijeengebonden. Dit geeft vooral een decoratief effect. Er is geen basis gebruikt, de bloemen staan gewoon los in het water. Het zachte roze wordt in de bloemkleur van de *Gerbera* herhaald. De zachte contouren van dille versluieren het geheel en hebben een verzachtend effect.

Verwerkt zijn: *Ammi majus, Gerbera* en dille.

GROUPING AND MIXING

A group of identical vases is tied together and placed on a black tray providing a strong colour contrast, creating an especially decorative effect. Flowers are then placed in the vase; no mechanics are used to hold them in place.

The soft pink is repeated in the *Gerbera*, while the contours of the dill provide a veiled and softening effect. Used are: *Ammi majus, Gerbera* and dill.

moeten wel dicht bij elkaar liggen, dus aanliggend zijn. Bijvoorbeeld oranje, geel-oranje, geel en groen.

De kleurtoon is de kleur die een kleur aanduidt, bijv. rood, geel, roze en dergelijke. De kleur(toon) en het effect hiervan op de omgevingskleuren bepalen mede ons idee van waarneming. In het arrangement komen de kleurtonen samen tot een boeiende combinatie.
Durf bij het combineren van kleuren ook eens tot het randje te gaan, ga de uitdaging aan van een gewaagde kleurencombinatie, niet iedereen hoeft het mooi te vinden. Kijk eens hoe de natuur ons leert kleuren toe te passen, geraffineerder kan haast niet, ook in de modewereld wordt vaak heel gedurfd gecombineerd, dus waarom niet ook in de bloemsierkunst? (Zie foto p. 104.)

De verhouding van de kleurintensiteit tussen twee of meer kleuren noemen we een contrast. Ze berust merendeels op het gevoel en een verschil in licht-donker.

Globaal zijn er zeven bruikbare kleurcontrasten te onderscheiden.
- ■ 1. Kleur tegen kleur contrast (helderheidscontrast), bijv. rood-geel-blauw (foto p. 105).
- ■ 2. Licht-donker contrast (grijswaardecontrast), bijv. blauw-geel.
- ■ 3. Koud-warm contrast, bijv. oranje-blauw.
- ■ 4. Complementair contrast, (het grootste contrast) uitgaande van Itten bijv. rood-groen of geel-paars.
- ■ 5. Simultaancontrast, elke kleur roept haar eigen complement op, bijv. groen zonder rood in de omgeving lijkt roder.
- ■ 6. Kwaliteitscontrast, het contrast tussen verzadigde (heldere) en doffe of troebele kleuren.
- ■ 7. Kwantiteitscontrast, contrast tussen kleurvlakken van verschillend formaat, het gaat dus om de hoeveelheid (foto p. 106).

Kleurensymboliek
De symbolische betekenis die aan kleuren wordt gegeven is in de oudheid ontstaan en wortelt in oude volksgebruiken en godsdiensten (liturgische kleuren). Het persoonlijke gevoel en de tint van de kleur speelt hierin een rol. Briljante kleuren worden als positief, doffe kleuren als negatief ervaren.

Symboliek verschilt per land en cultuur, enkele symbolen zijn:
- ■ **wit**, geboorte van de nieuwe maan, zuiverheid, geboorte, hoogste feestdag, liefde
- ■ **zwart**, rouw, dood, droefheid, aarde, ernst, mysterie
- ■ **rood**, strijd, liefde, feestvreugde, hartstocht, moed, martelaarschap
- ■ **oranje**, warmte, rijkdom, erotiek
- ■ **geel**, warmte, vreugde, lafheid, verraad, haat
- ■ **heldergeel**, blijdschap

An analogous harmony uses neighbouring colours on the colour wheel, such as orange, yellow orange, yellow and yellow green.

A hue is a colour that distinguishes one colour from another such as red, yellow, pink, etc. The colour (tone) is influenced by the colours of their surroundings, and influences our perception. In an arrangement the colour tones come together in a fascinating combination.

Dare to go to the limit when it comes to working with colour; challenge yourself with a daring colour combination. It is not necessary that everyone has to like it.
Nature teaches us some unusual and wonderful colour combinations; also, the world of fashion produces some daring colour combinations, so why not in floral design? (See photo p. 104)

The proportion between two or more colour intensities is called a contrast. They are, for the most part, based on the difference between light and dark.

Broadly speaking, there are approximately seven known colour contrasts in flower arranging:
- ■ 1. chroma is the contrast between fully saturated colours, such as red-yellow- blue (photo p. 105);
- ■ 2. value is the contrast between light and dark, e.g. yellow-blue on the grey scale;
- ■ 3. cold and warm contrasts, e.g. orange-blue;
- ■ 4. complementary contrast (most dramatic contrast), e.g. red-green or yellow-purple;
- ■ 5. simultaneous contrast, each colour calls for its own complement, for example, green without red in a room has a red tinge;
- ■ 6. colour saturation contrast between bright and dull colours;
- ■ 7. colour quantity contrast is the contrast between areas of colour of different formats (area) (photo p. 106).

Colour Symbolism
The symbolic meaning of colour has its origin in old customs and folklore traditions, as well as religious services (liturgical colours). The personal affinity and the tint or tone of the colour plays a role in this. Brilliant colours are seen as positive, while dull colours portray negativity. Symbolism differs from country to country and cultures.

- **blauw**, oprechtheid, trouw, melancholie, hemels
- **groen**, lentekleur, jong, leven, hoop
- **paars**, ernst, waardigheid, boete
- **purper**, macht, hoge priesterlijke waardigheid, sensualiteit, decadentie
- **roze**, blijdschap, tederheid, liefde
- koper, onwankelbaarheid, 12,5-jarig jubileum
- **zilver**, vast vertrouwen, 25-jarig jubileum
- **goud**, bovenaardse luister, vorstelijke macht, 50-jarig jubileum
- **magenta**, vrolijk, opwindend, schokkend
- **bruin**, armoede, geborgenheid, nederigheid, degelijkheid, saai
- **grijs**, neutraal, intelligent, wijsheid, luxe, ouderdom
- **beige**, zandkleur, neutraal
- **combinaties van bruin-oranje-rood** warmte, geborgenheid

A few symbols are noted:
- **White**, the birth of a new moon, purity, birth, important feasts, love;
- **Black**, mourning, death, sorrow, earth, seriousness, mystery;
- **Red**, battle, love, celebration, passion, courage, martyrdom;
- **Orange**, warmth, wealth, eroticism;
- **Yellow**, warmth, joy, cowardice, treason, hate;
- **Bright-yellow**, happiness;
- **Blue**, sincerity, faithfulness, melancholy, heavenly;
- **Green**, spring, youth, life, hope;
- **Violet**, seriousness, dignity, penance;
- **Purple**, power, priestly dignity, sensuality, decadence;
- **Pink**, happiness, gentleness, love;
- **Copper**, steadfastness - 12,5 year anniversary;
- **Silver**, trustworthiness - 25th anniversary;
- **Gold**, super terrestrial splendour, regal power – 50th anniversary;
- **Magenta**, cheerfulness, excitement, shocking;
- **Brown**, poverty, security, humility, propriety, boring;
- **Grey**, neutral, intelligence, wisdom, luxury, old age;
- **Beige**, sand colour, neutral;
- **Combination of brown, orange, red,** warmth, security.

CENTRAALSCHIKKING

In een fraai gekleurde glazen schaal is een loodprikker
geplaatst. Zet deze wel op een rubbermatje of in een
plastic deksel. Dit voorkomt beschadiging en afzetting van
loodoxide. De bloemen en het blad zijn eenvoudigweg in
de loodprikker gestoken. Alle materialen zijn alzijdig en
naar één centraal punt gestoken.
Verwerkt zijn: *Ammi majus, Cyclamen, Craspedia globosa,
Lilium, Rosa,* en *Cyclamen*-blad.

CENTRAL DESIGN

A lead pin holder is placed in a beautifully coloured dish. It
is best to place the holder on a little rubber mat or a
plastic lid to prevent scratching and formation of lead
oxide.
The flowers and foliage are simply arranged on the pin
holder. All materials are placed all around the design and
originate from a central point.
Used are: *Ammi majus, Cyclamen, Craspedia globosa, Lilium,
Rosa* and *Cyclamen* leaf.

VAZENSPEL

Deze schikking heeft twee knalblauwe bolronde vazen als uitgangspunt. De fraaie bloemtakken zijn vanuit de twee vazen kruisend naar elkaar gestoken, eenheid zoekend. Het kleurcontrast van het rood, geel en blauw is hard, maar wel fris en uitdagend.

Verwerkt zijn: *Gloriosa* 'Rothschildiana'.

INTERPLAY OF VASES

The two deep blue, round vases are the starting point in this design. The beautiful flower stems emanate from the two vases in a crosswise position, seeking to embrace each other.

The contrast of red, yellow and blue is bold, but fresh and daring.

Used are: *Gloriosa* 'Rothschildiana'.

KRUISENDE LIJNEN

In deze fraaie vaas is op de top een bolle toef geplaatst met de stelen in het water. De sierlijke speergrassen zijn willekeurig geknakt voor een kruisend effect.
Verwerkt zijn: *Celosia* 'Bomb Pink', *Cotoneaster*-bessen, *Freesia*, *Hydrangea* en *Xanthorroea preissii*.

CROSSING LINES

This beautiful vase sports a compact tuft bouquet with the stems reaching the water. The elegant speargrass is randomly bent to create a criss-cross effect.
Used are: *Celosia* 'Bomb Pink', *Cotoneaster* berries, *Freesia*, *Hydrangea* and *Xanthorroea preissii*.

16 MILIEUBELEID VOOR DE BLOEMIST

Wat kan een 'maatschappelijk onderne-mende' bloemist in zijn winkel en binderij doen aan zinvol milieubeleid? Van belang is dat er een milieubeleidsplan voor de winkel en binderij wordt gemaakt en dit steeds aan te passen aan de huidige eisen. De bloemist doet er verstandig aan zo snel mogelijk ook producten met Milieukeur te presenteren. Het geven van een speciale status aan de bloemenwinkel als milieu-vriendelijke bloemist heeft de hoogste pri-oriteit. Belangrijk in dit kader is ook dat de te stellen regels en eisen herkenbaar moe-ten zijn en tevens dat ze op eenduidige wijze moeten worden geborgd. De milieu-vriendelijke bloemist voert zijn bedrijf vanuit een businessconcept gebaseerd op maatschappelijke waarden en ethiek. Feel good-producten tastbaar maken in een uniek en natuurlijk winkelconcept.
Enkele suggesties om tot dit plan te komen.

Inkoopbeleid

Bepaal bij het inkoopbeleid allereerst welke producten niet of weinig schadelijk zijn voor het milieu. We denken hierbij aan:

■ productiewijze en energieverbruik;
■ materiaalsoort, grondstof, verfstoffen;
■ levensduur, gebruiksmogelijkheden, hergebruik;
■ herkomst;
■ afvalverwerking, compostering.

Bij inkoop van bloemen, planten, blad en vruchten letten we op:

■ productiewijze; EKO-biologisch of met Milieukeur via het MPS geteeld;
■ levensduur, houdbaarheid;
■ behandeling, voorbehandeling, voe-ding;
■ of materialen niet geverfd zijn.

Maak géén gebruik van:

■ onnodige hulpmiddelen;
■ spuitbussen of gassen;
■ lijm en oplosmiddelen;
■ kunststoffen en vooral géén PVC.

Wat betreft schoonmaakmiddelen:

■ géén chloor, sterke zuren of organische oplosmiddelen gebruiken;
■ wél citroen- of azijnzuur, groene of vloeibare zeep zoals Savona.

Presentatie

We proberen om optimaal te etaleren en de winkel er aantrekkelijk uit te laten zien zonder (overmatig) gebruik van schade-lijke hulpmiddelen of te veel licht. Regel verwarming en verlichting via een scha-kelklok zodat deze niet onnodig lang bran-den.

Verwarming en koelen

Gescheiden (vloer)verwarming maakt dat de temperatuur optimaal kan worden geregeld. Zet planten op een verwarmde ondergrond en de bloemen op een koude. Raamverwarming houdt de etalageruit droog en vormt een buffer tegen kou-destraling. De luchttemperatuur kan vaak

16 ENVIRONMENTAL POLICIES FOR FLORISTS

What can a retail florist do to actively support and implement an environmental policy in his shop and workroom?
First of all, it is important that environmental guidelines are put in place for the shop and workroom, and to continually upgrade the present standards. It is wise for the florist to introduce, as soon as possible, products, which feature the environmental seal, e.g.
Milieukeur. It gives the florist special status as being in the fore-front of the environmental movement and thus should be of the highest priority.
It is important within this framework that the regulations and demands are clearly recognized and acted upon.
The environmentally friendly florist guides his store from a bus-iness concept based on society's values and ethics. Display and promote feel-good products in a unique and natural store envi-ronment.
A few suggestions to implement this plan:

Purchasing Policy

Determine in your purchasing policies first and foremost which products cause little or no harm to the environment. We should think in terms of the following:

■ methods of production and energy use;
■ the kind of material, raw materials, paints and dyes;
■ shelf life, product utilization, reuse;
■ origin of products;
■ waste disposal, composting.

Watch for the following when purchasing flowers, plants, foliage and fruit:

■ production methods; EKO biologically grown or cultivated via Milieukeur MPS;
■ shelf life, lasting quality;
■ care and handling, pre-treatment, flower food;
■ for dyed or spray painted materials.

Do not use the following:

■ unnecessary ancillary products;
■ spray cans or gasses;
■ glue or solvents;
■ synthetic materials, and especially PVC.

gerust wat lager in de winkel. Het moet niet te warm zijn en airconditioning mag niet te koud staan; veel winkels zijn te warm, zelden te koud. Zorg ook voor een verantwoord gebruik van de koelcel. Houd deze schoon en hanteer de optimale koeltemperatuur. Zet de koelcel uit tijdens de vakantie.

Licht

TL-verlichting is goedkoop in energie en effectief als algemene verlichting, bovendien is tl-verlichting verkrijgbaar in goede lichtkleuren die ideaal voor bloemen zijn. Voor objectverlichting (lichtaccenten) kunnen we spots gebruiken. Koop energiezuinige lampen. Doe het licht uit of minder als het kan in de avond en in het weekeinde. Bedenk hierbij wel dat planten voldoende licht moeten hebben anders zullen ze in de winkel snel achteruitgaan. Presenteer alleen met licht als er ook mensen naar kijken.

Verpakking

Bloemen zijn kwetsbaar en dus speelt de verpakking een belangrijke rol in het traject van teler naar consument. De verpakking kan dienen als bescherming, maar ook om het geheel te verfraaien. Het schept voldoening om een bloemstuk, plant of boeket leuk te verpakken als het bestemd is voor derden.

Het doel van verpakken is:
- 1. behoud van kwaliteit;
- 2. bescherming tegen warmte, koude of beschadiging;
- 3. gemakkelijker te vervoeren;
- 4. attractiever aanzicht als cadeau;
- 5. toegevoegde waarde als cadeau.

Keuze van verpakking en verpakkingsmaterialen

Bij de keuze van de verpakking stellen we ook weer een aantal eisen:
- 1. Productiewijze; zo min mogelijk schadelijk. Geen gechloreerde materialen zoals PVC gebruiken.
- 2. Grondstoffen; bij voorkeur onschadelijke stoffen of recyclebare.
- 3. Afvalverwerking; hergebruik of recyclebaar.

Welk verpakkingsmateriaal gekozen wordt, hangt af van het doel van de verpakking, of het ter bescherming is of ter verfraaiing en ook hier speelt milieuvriendelijkheid steeds meer een rol. Er zijn veel mogelijkheden van verpakkingsmateriaal zoals papier, karton, plastic, hout en glas. Het materiaal kan doorzichtig zijn of niet. Het kan een opdruk hebben of blanco zijn. Papier, folie en karton zijn verkrijgbaar in losse vellen en op rollen. Ook zijn er speciale bloemenhoezen voor bossen en boeketten. Verder zijn er speciale kokers voor een enkele bloem en zijn er brede kokers. Bruidsdozen en doosjes voor bloemwerk zijn eveneens een handig verpakkings- of transportmiddel. Als extra is er natuurvriendelijk lint, koord, raffia, touw enzo-

With respect to cleaning products:
- do not use Chlorine, caustic acids or organic based solvents;
- recommended: citric or vinegar acids, anti-bacterial soaps.

Presentation

Our aim should be to display products under optimal conditions in attractive settings without excessive use of harmful support materials or too much (electric) light.
Regulate heating and lighting via time clocks to limit unnecessary energy use.

Heating and Air Conditioning

Separate floor heating and air conditioning controls make it possible that the temperatures can be optimally maintained.
Place plants on the warm floor and flowers on cold surfaces.
Window heating/radiators keep the windows dry and form a buffer against cold deflection.
The air temperature in the shop could easily be lowered. It should not be too warm and air conditioning should not be too cold. Many shops are too warm, seldom too cold.
Use the flower cooler responsibly, keep it clean and maintain optimal cooling temperature.
Shut off the cooling system during holidays.

Lighting

Fluorescent lighting is energy efficient and effective as general lighting, moreover, fluorescent lighting is available in a wide colour spectrum, and thus ideal for flowers.
For object lighting, spotlights fill the bill; buy energy efficient lightbulbs/fixtures.
Turn off lights or reduce lighting during evenings and weekends. Realize, however, that plants should have sufficient light to prevent deterioration. Use display lighting only when people are looking at interior window displays.

Packaging

Flowers are fragile, thus packaging plays an important role during transportation from grower to consumer. Packaging serves to protect, but also to enhance the product.
It is a pleasurable task to package an arrangement, plant or bouquet into an attractive gift for a third party.
The purpose of packaging is:
- 1. to maintain quality;
- 2. protection against heat, cold and/or damage;
- 3. makes it easier to transport;
- 4. makes a floral gift more attractive;
- 5. provides added value to a gift.

voort. Verpakkingsmateriaal moet redelijk tegen vocht kunnen of u moet ervoor zorgen dat het niet nat kan worden. Materiaal dat vlekken geeft is uit den boze. Het gebruik van folie als PE (polyethyleen), PP (polypropyleen) of PET (polyetheenterephtalaat) is vaak minder milieubelastend dan papier. Productiewijze en recycling zijn dan meestal de boosdoeners.

Hieronder wordt beschreven welk verpakkingsmateriaal teler, groothandel en bloemist kunnen gebruiken.

De teler
Deze moet voldoen aan de verpakkingseisen die door de veiling wordt gesteld. Rekening houdend met de minimumtemperatuur, vochtverlies en beschadigingsgraad wordt de verpakking bepaald. Verpakking kan een- of meermalig zijn; we noemen het ook wel fust. Voorkeur heeft meermalig fust.

Per product zijn verschillende eisen gesteld zoals:
- Op water aanvoeren in een container: *Tulipa*.
- Droog in een doos aanvoeren: *Gerbera*.
- Ingehoesd: *Alstroemeria*.
- Verpakking in een doos en buisjes water om de steel: *Anthurium*.

De groothandel
Bloemen worden hier vaak in andere hoeveelheden verpakt (omgepakt) bijvoorbeeld in bundels van 5 bossen, dit geeft vaak onnodig verlies aan verpakkingsmateriaal. Ook worden exportdozen gevuld met een enkel of gevarieerd sortiment; dit is afhankelijk van de bestelling. Bij export wordt vaak droog in de doos verpakt, maar er wordt ook op water vervoerd in speciale dozen met een emmer erin.

Bloemendetaillist
In de bloemenwinkel wordt de verpakking naast de genoemde redenen vooral ook gebruikt als creatief element om een fraai geheel te creëren; een cadeau wordt geboren. Hiermee kan de bloemist zich onderscheiden van de concurrentie en inspelen op de wensen van de consument. Veel hangt af van de stijl van de zaak, het soort winkel of het imago van het bedrijf. Bloemen beschermen betekent dat kwetsbare bloemen niet boven het papier mogen uitsteken, niet klem mogen zitten of te stijf ingepakt zijn. Met creativiteit is ook veel materiaal te hergebruiken. Overdadig materiaalgebruik kost veel geld, is slecht voor het milieu en leidt tot verspilling. Vanuit creatief oogpunt kan het echter tot fraaie resultaten leiden, een interessante overweging. Let bij aanschaf van verpakkingsmateriaal op *alle* elementen om tot een verantwoorde keuze te komen. Denk bij verpakken ook aan materiaalcombinaties met lint en andere decoratieve materialen.

Choice of Packaging Materials
When choosing packaging materials, we look for products with the following traits:
- 1. production processes: causing as little damage as possible to the environment. No chlorine treated materials, such as PVC;
- 2. raw materials: preferably harmless products or recyclable;
- 3. waste disposal: reuse or recycle.

Packaging Material
The packaging materials chosen depends on the purpose of packaging, whether for protection or enhancement. Here too, an environmentally friendly approach plays a large role. There are many kinds of packaging materials such as paper, cardboard, plastic, wood and glass.
The material can be transparent or opaque. It can be printed or plain. Paper, cellophane and cardboard are available in sheets or rolls. There are also special flower sleeves for bunches and bouquets.
In addition, there are special cello cylinders for single flowers or larger ones, depending on need. There are boxes for bridal bouquets, as well as boxes used to package arrangements for delivery purposes.
As a special finishing touch we can use environmentally friendly ribbon, cording, raffia or string. Packaging materials should be moisture resistant or one should take steps to prevent packaging materials to get wet. Materials which can cause stains should be avoided.
The use of plastic wrappings such as PE (polyethylene), PP (polypropylene) or PET (polyetheneterephtalate) is often less harmful to the environment than paper products.
Production methods and recycling are often the offenders.

Below are listed the packaging materials suitable for use by growers, wholesalers and florists.

The Grower
The grower has to abide by the packaging regulations issued by the flower auctions.
Considerations are given to the following criteria such as minimum temperature, loss of moisture and degree of damage resistance. Packaging can be for a one time use or reuse; preference is to opt for reusable packaging materials.

There are different regulations for specific products such as:
- delivery in containers with water: *Tulipa*;
- dry packaging in a special box: *Gerbera*;
- sleeved packaging: *Alstroemeria*;

Afval

Het is het beste om alle afval van het bloemschikken in de winkel of werkplaats te scheiden.

- Composteerbaar is alle plantenafval, blad, stelen, bloemen, vruchten en aarde. Ook kunnen we eenvoudig zelf compost maken in een bak of op een hoop. Deze compost kunnen we, als we een eigen tuin hebben, weer gebruiken als mest of grondverbeteraar, of wellicht verkopen aan de consument.
- Metaal zoals ijzerdraad, kippengaas, oude metalen ondergronden en dergelijke kunnen we met een magneet gemakkelijk uit het bloemenafval verwijderen. Let op, er zijn ook metalen die niet magnetisch zijn.
- Plastic ofwel kunststof hoezen zijn vaak al aanwezig vanaf de bloementeler. Deze doet bossen bloemen soms in hoezen om breuk of andere schade te voorkomen. Veel van dat materiaal is goed te hergebruiken in het bloemwerk, maak er eens kleine toefjes van in combinatie met tule of lint, gebruik het om attributen die niet nat mogen worden en dergelijke. Ook is het in gewijzigde vorm soms te hergebruiken als verpakkingsmateriaal. Restanten of onbruikbaar plastic kunt u apart inzamelen.
- Papier is een schijnbaar milieuvriendelijk materiaal alhoewel dit niet altijd het geval is. Grondstoffen hiervoor komen uit hout, lompen en gerecycled papier. Hout hoeft niet gebruikt te worden omdat het vervangen kan worden door bijvoorbeeld vezels van cannabisplanten. Het productieproces van papier en karton vereist veel energie en ook nog allerlei chemische stoffen. Daarnaast is er veelal een aanzienlijke hoeveelheid vervuild afvalwater. Papier komt in veelvoud de winkel, de binderij en onze woning binnen. Als verpakkingsmateriaal wordt het veel toegepast naast de bekende polypropyleen (pp) foliesoorten. Oud papier of verpakkingsmateriaal is vaak heel mooi om te hergebruiken als verpakking. Juist de gelouterde, vaak enigszins geschaafde of gekreukelde structuur geeft een eigen karakter aan een cadeau; het is misschien wel even wennen. Als afval scheiden we papier en karton in aparte stapels omdat verwerking hiervan tot nieuwe grondstoffen eigen eisen stelt.
- Chemisch afval. De meest schadelijke afvalproducten gaan in de chemobak. Voorbeelden zijn: spuitbussen, verf, verfkwasten, bestrijdingsmiddelen en batterijen.
- Glas gaat in de glasbak, het is uitstekend opnieuw bruikbaar.
- Gebroken aardewerk kunt u met wat creativiteit in bloemwerk verwerken en anders bij het restafval doen.

- packaging in a box with individual stems put in water tubes/vials: *Anthurium*, Orchids.

Wholesaler

Flowers are often re-packaged in assorted quantities, for example, in bundles of 5 bunches. This often requires the use of extra packaging materials.

Boxes, destined for export, are filled with a single or an assortment of flowers depending on the order. Most often, flowers for export are packaged dry, but on occasion, are transported in water. Special boxes have been designed to hold a bucket securely.

Retail Florists

The flower shop uses packaging materials for the same reason as outlined before, but, in addition, uses packaging as a creative element in product presentation or as a special gift.

This is an area that florists can differentiate themselves from the competition and satisfy the wishes of the consumer. Much depends, of course, on the style and image of the flower shop.

To protect flowers during transport means, that delicate blossoms should not show or peek out of the paper wrappings, and care should be taken not to crush, or wrap them too tightly. With creativity a lot of material can be reused.

Extravagant use of packaging materials does not only cost a lot more money, but also hurts the environment. From a creative perspective, packaging can lead to beautiful results, indeed an interesting point to consider.

When purchasing packaging materials, it is important to consider *all* the elements in order to come to a responsible choice. Ribbon and other decorative materials can be effectively combined in packaging.

Waste Products

It is best to separate all waste in the shop or work room.

- All discarded plant material such as foliage, stems, flowers, fruit and soil can be turned into compost. It is easy to make our own compost by putting the waste products in a bin or a heap. We can then use the compost for our own garden as a fertilizer or soil conditioner, or quite possibly sell it to the consumer.
- Metal objects, for example wire, chicken wire, old metal bases, etc. can easily be fished out of the floral waste by means of a magnet. Remember, there are certain metals which are not magnetic.
- Plastic or synthetic sleeves are provided by the grower to pre-

vent flowers from being bruised, broken or otherwise damaged. Much of this material can be reused in flower arranging. Make, for example, little tufts in combination with tulle or ribbon, or use it to protect attributes against moisture. Sometimes, it can be reused, albeit in an altered state as packaging materials. Leftovers or unusable plastics can be collected separately.

■ Paper is, apparently, an environmentally friendly material, although that is not always the case. Raw materials used to produce paper products come from wood, rags and recycled paper. Wood does not necessarily have to be used to make paper, because it can be substituted with, for example, fibres from the cannabis plants. The production process of paper and cardboard requires a lot of energy, including a variety of chemical products. Besides all this, a considerable amount of polluted wastewater is being produced as well. Paper is being used extensively in the flower shop, the workroom and enters our homes. It is popular as a packaging material in conjunction with the well-known polypropylene (pp) or cellophane. Old paper or packaging material is often very effective to use as a wrapping material. In particular, the faded and often torn paper, with a crushed texture, provides its own characteristics to a gift; it takes a while getting used to. Waste is separated by kind, e.g. paper and cardboard in one bundle, because recy-

cling of these materials into new products requires its own special demands and regulations.

■ Chemical waste. The most harmful products are deposited in the chemical bins, for example: spray cans, paints, paintbrushes, pesticides, and batteries.

■ Glass is deposited in the glass bin and is an excellent material for recycling.

■ Broken pottery can, with a little creativity, be used in flower arranging, if not, it should be disposed of with regular garbage.

17 ALFABETISCHE NAMEN-LIJST

Al het plantmateriaal dat in dit boek voor de arrangementen is gebruikt, staat hieronder in alfabetische volgorde op de wetenschappelijke (Latijnse) naam gerangschikt. Achter de Latijnse plantnaam staat, voor zover aanwezig, de officiële Nederlandse naam vermeld. Een aantal keren is er geen officiële naam bekend, maar wordt de naam gegeven die in de volksmond (veel) wordt gebruikt.
Achter drie planten staat een asterisk (∗). Dit zijn beschermde planten, die u nooit in het wild mag plukken. Alleen de speciaal voor de handel gekweekte planten mogen in arrangementen worden verwerkt. (Zie voor de overige beschermde species de Cites-lijst op www.cites.org.)

Acer - esdoorn
   Acer pseudoplatanus (A. pseudoacacia)
Aesculus hippocastanum - witte paardenkastanje
Ageratum houstonianum - Mexicaantje
Alchemilla mollis - vrouwenmantel
Alstroemeria - Incalelie
Amaranthus - kattenstaart
Amelanchier lamarckii - krentenboompje
Ammi majus - kantbloem, witte dille
Anemone coronaria - anemoon
Anthurium - lakanthurium
Antirrhinum majus - leeuwenbek
Aristolochia macrophylla - pijpbloem
Arum italicum - Italiaanse aronskelk
Asparagus - sierasperge
   Asparagus densiflorus 'Meyers'
   Asparagus setaceus
   Asparagus umbellatus
   Asparagus virgatus
Asphodeline lutea - jonkerlelie
Aspidistra elatior - slagersplant
Aster novi-belgii - herfstaster
Astilbe - pluimspirea

Bambusa - bamboe
Baxteria australis (Aristea confusa) - thypaleaf, lintdracaena
Bergenia cordifolia - schoenlappersplant
Betula - berk
Brodiaea - triteleia
Butomus umbellatus - zwanenbloem∗
Buxus - palmboom

Calendula - goudsbloem
Callicarpa bodinieri var. *giraldii*
Callistephus chinensis - zomer- of zaaiaster
Caltha palustris - dotterbloem
Campanula glomerata - kluwenklokje∗
Catalpa bignonioides - grote trompetboom
Celosia (Cristata Groep) - hanenkam
   Celosia 'Bomb Pink' - hanenkam
   Celosia argentea (Plumosa Groep) - pluimhanenkam
Centaurea montana - bergcentaurie
Chaenomeles - dwergkwee
Chamaecyparis - dwergcipres
Chrysanthemum - chrysant
Citrus - afhankelijk van de soortnaam worden hier citrusvruchten zoals sinaasappels, citroenen, e.d. bedoeld

17 ALPHABETICAL LIST OF NAMES

This is a listing of all the plants and flowers used in the arrangements in this book. They are in alphabetical order following their Latin name. Behind each entry you will find the official name for each plant. In some cases, when the official name is not clear, the name that is often used will be shown. Some wild flowers and plants may be protected in your country, so please verify before picking.

Acer - Japanese maple
   Acer pseudoplatanus (A. pseudoacacia) - Maple
Aesculus hippocastanum - Horse chestnut
Ageratum houstonianum
Alchemilla mollis - Ladies mantle
Alstroemeria - Peruvian lily
Amaranthus
Amelanchier lamarckii - June berry
Ammi majus - Lace flower
Anemone coronaria - Wind flower
Anthurium
Antirrhinum majus - Snapdragons
Aristolochia macrophylla - Dutchman's pipes
Arum italicum - Calla lily
Asparagus
   Asparagus densiflorus 'Meyers' - *Asparagus* 'Meyers'
   Asparagus setaceus - *Asparagus plumosus*
   Asparagus umbellatus
   Asparagus virgatus
Asphodeline lutea - Silver rod
Aspidistra elatior
Aster - Aster
Astilbe - False goat beard

Bambusa - Bamboo
Baxteria australis (Aristea confusa) - Baxteria
Bergenia cordifolia
Betula - Birch
Brodiaea - Triteleia
Butomus umbellatus - Swan flower
Buxus - Boxwood

Calendula - Pot marigold
Callicarpa bodinieri var. *giraldii*
Callistephus chinensis - China aster
Caltha palustris - Marsh marigold
Campanula glomerata - Clustered bell flower
Catalpa bignonioides - Indian bean
Celosia (Cristata Group) - Cock's comb
   Celosia 'Bomb Pink' - Cock's comb
   Celosia argentea - Plume celosia
Centaurea montana - Corn flower
Chaenomeles - Japanese quince
Chamaecyparis - False cypress
Chrysanthemum
Citrus — depending on complete name citrusfruit such as orange and lemon

Clematis vitalba - bosrank
Cornus - kornoelje
  Cornus alba 'Sibirica'
Corylus avellana 'Contorta' - kronkelhazelaar
Cotinus - pruikenboom
Cotoneaster - dwergmispel
Craspedia globosa - drumstick
Crocosmia - montbretia
Cycas revoluta - cycaspalm, palmvaren
Cyclamen - cyclaam

Dahlia 'Vrouwe Jacoba' -dahlia
Dianthus barbatus - duizendschoon

Echinacea purpurea - zonnehoed
Elaeagnus x *ebbingei* - olijfwilg
Equisetum japonicum - snakegrass
Eryngium alpinum - alpendistel
Eucalyptus - gomboom
Euonymus - kardinaalsmuts
  Euonymus alatus
Euphorbia - wolfsmelk
  Euphorbia fulgens

Fagus - beuk

Forsythia x *intermedia* - Chinees klokje
Freesia - fresia

Galax urceolata
Gerbera
Gleichenia polypodioides - koraalvaren
Gloriosa 'Rothschildiana' - prachtlelie

Hedera - klimop
Helenium - zonnekruid
Helianthus annuus - zonnebloem
Hyacinthus - hyacint
Hydrangea macrophylla - hortensia
  Hydrangea petiolaris, H. anomala subsp. *petiolaris* -
  klimhortensia
Hypericum - hertshooi

Iris

Jasione montana - zandblauwtje
Juniperus communis - jeneverbes

Kniphofia - vuurpijl
Lavandula - lavendel
Leucobryum glaucum - kussentjesmos

Leucospermun cordifolium - speldenkussen
Ligustrum - liguster
Lilium - lelie
Limonium 'Emille' - lamsoor, zeelavendel
  Limonium sinuatum - statice
Lunaria annua - judaspenning
Lupinus - lupine
Lysimachia - wederik
  Lysimachia vulgaris - grote wederik

Magnolia soulangeana
Malus floribunda - sierappel
Mentha aquatica - watermunt
Menyanthes trifoliata - waterdrieblad*
Mimulus luteus - maskerbloem
Myosotis palustris - vergeet-mij-nietje

Narcissus - narcis
Nerine
Nigella damascena - juffertje-in-het-groen
Nymphaea - waterlelie

Ophiopogon - slangenbaard
Ornithogalum - vogelmelk
  Ornithogalum dubium

Clematis vitalba - Virgin's Bower, Old Man's Beard
Cornus - Dogwood
  Cornus alba 'Sibirica' - Dogwood
Corylus avellana 'Contorta' - Corkscrew hazel
Cotinus - Purple smoke bush
Cotoneaster
Craspedia globosa - Drumstick
Crocosmia - Montbretia
Cycas revoluta - Cycas palm
Cyclamen

Dahlia 'Vrouwe Jacoba'
Dianthus barbatus - Sweet William

Echinacea purpurea - Purple cone flower
Elaeagnus x *ebbingei* - Russian olive tree
Equisetum japonicum
Eryngium alpinum - Sea holly
Eucalyptus
Euonymus
  Euonymus alatus - Burning bush
Euphorbia fulgens - Spurge

Fagus - Beech

Fallopia, (Polygonum cuspidatum, Reynoutria japonica) -
  Japanese knotweed
Forsythia x *intermedia*
Freesia

Galax urceolata
Gerbera - Gerbera Transvaal daisy
Gleichenia polypodioides - Coral fern
Gloriosa 'Rothschildiana' - Gloriosa lily

Hedera - Ivy
Helenium - Sneeze weed
Helianthus annuus - Sun flower
Hyacinthus - Hyacinth
Hydrangea macrophylla - Hydrangea
  Hydrangea petiolaris
  H. anomala subsp. *petiolaris* - Hydrangea
Hypericum

Iris

Jasione montana
Juniperus communis

Kniphofia - Red hot poker

Lavandula - Lavender
Leucobryum glaucum - Bun moss
Leucospermum cordifolium - Pin cushion protea
Ligustrum - Privet
Lilium - Lily
Limonium 'Emille' - Lamb's ear
  Limonium sinuatum - Statice
Lunaria annua - Silver dollar
Lupinus - Lupin
Lysimachia vulgaris - Loose strife

Magnolia soulangeana
Malus floribunda - Crab apple
Mentha aquatica - Mint
Menyanthes trifoliata - Bog bean
Mimulus luteus - Monkey flower
Myosotis palustris - Forget me not

Narcissus - Daffodil
Nerine - Guernsey lily
Nigella damascena - Love in the mist
Nymphaea - Water lily

Ornithogalum thyrsoides - zuidenwindlelie

Paeonia - pioen
Panicum - gierst
Philodendron 'Xanadu'
Phlox - vlambloem
Physalis alkekengii var. *franchetii* - lampionplant
Pinus strobus - Weymouthden
Pittosporum
Plantago major - grote weegbree
Podocarpus drougnianus - Emu grass
Polianthes tuberosa - tuberoos
Fallopia japonica (Polygonum cuspidatum,
    Reynoutria japonica)
Prunus lauroceracus - gewone laurierkers

Quercus - eik

Ranunculus - boterbloem
Rhododendron - rododendron
Rosa - roos
Rumex - zuring

Salix babylonica 'Tortuosa',

syn. *S. matsudana* 'Tortuosa' - kronkelwilg
Setaria italica - trosgierst
Skimmia - skimmia
Solidago - guldenroede
Stachyurus praecox - staartaar

Thalictrum - ruit
Thuja occidentalis - Westerse levensboom
Tillandsia usneoides - Spaans mos
Trachelium caeruleum - halskruid
Tulipa - tulp
Typha minima - dwerglisdodde

Valeriana officinalis - echte valeriaan
Veronica - ereprijs
Viburnum opulus 'Roseum' - gewone sneeuwbal
    Viburnum tinus
Vinca major - maagdenpalm

Wisteria - blauweregen

Xanthorrhoea preissii - speergras

Zantedeschia - aronskelk, calla

Ophiopogon
Ornithogalum dubium - Chincherinchee
    Ornithogalum thyrsoides - Star of Bethlehem

Paeonia - Peony
Panicum - Millets
Philodendron 'Xanadu'
Phlox
Physalis alkekengii var. *franchetii* - Chinese lantern
Pinus strobus - Pine
Pittosporum
Plantago major - Plantain
Podocarpus drougnianus - Emu grass
Polianthes tuberosa - Tuber rose
Prunus lauroceracus - Cherry laurel
Prunus - Flowering almond

Quercus - Oak

Ranunculus - Buttercup
Rhododendron
Rosa - Rose
Rumex - Sorrel

Salix babylonica 'Tortuosa' syn. *S. matsudana* 'Tortuosa'
    - Curly willow
Setaria italica
Skimmia
Solidago
Stachyurus praecox

Thalictrum - Meadow rue
Thuja occidentalis - White cedar
Tillandsia usneoides - Spanish moss
Trachelium caeruleum - Blue throat wort
Tulipa - Tulip
Typha minima - Bull rush

Valeriana officinalis - Valerian
Veronica - Speedwell
Viburnum opulus 'Roseum' - Snowball
    Viburnum tinus - Laurustinus
Vinca major

Wisteria

Xanthorrhoea preissii - Speer grass

Zantedeschia - Calla lily

LITERATUURLIJST

Andere boeken geschreven door
Aad van Uffelen:

N = Nederlands, E= Engels, F= Frans,
D = Duits, R = Russisch .
(Niet alle boeken zijn meer leverbaar.)

Flowerworld; N, E
Uitg. Terra, Warnsveld
Moderne Bloemsierkunst; N
Uitg. Terra, Warnsveld
Handgebonden boeketten; N, E
Uitg. Terra, Warnsveld
Bloemrijke schikkingen; N, E
Uitg. Terra, Warnsveld
Bloemschikken voor de Winterse Feestdagen
Uitg. Terra, Warnsveld

Bloemsierkunst, N
Uitg. Kosmos Zomer & Keuning, Utrecht
Creatieve bloemsierideeën; N
Uitg. Kosmos Zomer & Keuning, Utrecht
Verklarend woordenboek bloemschikken; N
Uitg. Kosmos Zomer & Keuning, Utrecht
Creatief Bloemschikken met Anthurium;
N, E, D
Uitg. Kosmos Zomer & Keuning, Utrecht
Symbolische bloemsierkunst; N
Uitg. Kosmos Zomer & Keuning, Utrecht
Alles over lint; N
Uitg. Kosmos Zomer & Keuning, Utrecht

Bruidsbloemen; N, E
Uitg. Teleflora Nederland
Rouwbloemen; N, E, F
Uitg. Teleflora Nederland

De Japanse Watertuin
Uitg. Aad van Uffelen

LITERATURE:

Other books by Aad van Uffelen

N=Dutch, E=English, F=French, D=German, R=Russian
(Some books are out of print)

Flowerworld: N, E, Publisher Terra
Moderne Bloemsierkunst: N, Publisher Terra
Handtied Bouquets: N, E, R, Publisher Terra
Inspiring Floral Creations: N, E, Publisher Terra
Bloemschikken voor de Winterse Feestdagen: Publisher Terra

Bloemsierkunst, N, Publisher Kosmos, Zomer & Keuning
Creatieve Bloemsierideeen: N, Publisher Kosmos, Zomer & Keuning
Verklarend Woordenboek Bloemschikken: N, Publisher Kosmos, Zomer & Keuning
Creative Flower Arranging with Anthurium: N, E, D, Publisher Kosmos, Zomer & Keuning
Symbolische Bloemsierkunst: N, Publisher Kosmos, Zomer & Keuning
Alles Over Lint: N, Publisher Kosmos, Zomer & Keuning

Bruidsbloemen: N, Publisher Teleflora Nederland

Sympathy Flowers: N, E, F, Publisher Teleflora Nederland

De Japanse Watertuin: N, Publisher Aad van Uffelen

COLOFON

Dankwoord

Voor de totstandkoming van dit boek ben ik
veel dank verschuldigd aan:
- Milieu Programma Sierteelt
- Stichting Milieukeur
- Mobach, Utrecht
- Pottenbakkerij 'In kannen en kruiken',
  Den Haag
- Cor van de Ende, bloemist, 's-Gravenzande
- Anthura, Anthuriumkwekerij Bleiswijk

Nuttige adressen
- www.dutchflowerlink.nl
- www.aadvanuffelen.com
- www.milieukeur.nl
- www.my-mps.com
- www.ecomarkt.nl/geabloemenenplanten
- www.hollandcollege-atwork.nl
- www.cites.org

COLOPHON

Acknowledgements

For the realization of this book I am greatly
indebted to the following:
- Floriculture environmental programme
- Stichting Milieukeur
- Mobach, Utrecht
- Pottery 'In Kannen En Kruiken', The Hague
- Cor van de Ende, florist, 's Gravenzande
- Anthura, Anthurium Growers, Bleiswijk

Useful Addresses
- www.dutchflowerlink.nl
- www.aadvanuffelen.com
- www.milieukeur.nl
- www.my-mps.com
- www.ecomarkt.nl/geabloemenenplanten
- www.hollandcollege-atwork.nl
- www.cites.org